강릉 바우길

바다가 부르는 소나무숲을 가만히 거닐다

강릉 바우길

글 · 사진 김진아

알에이치코리아

prologue

오래된 길, 그러나 다시 새롭게 태어난 길, 바우길

걷고 또 걸었다. 산길을, 흙길을, 바닷길을 걷고 또 걸었다. 왜 그렇게 걷느냐고 물으면 그저 길이 있어 그 길을 걷는 내 마음이 좋아 걸었다고 대답할 수밖에, 다른 답은 없었다.

길은 늘 거기 있었다. 내가 걷고, 또 다른 누군가가 뒤이어 걷게 될 것이다. 서로 다른 이유, 서로 다른 걸음걸이, 서로 다른 속도와 시간으로……. 언제나 그랬듯, 혼자 걷는 누군가와 함께 걷든 길을 나서면 그 길을 걷는 건 오로지 혼자만의 몫이다.

걷게 되면 알게 된다. 고마운 것이 얼마나 많은지를 말이다. 나를 걷게 해준 튼튼한 두 다리가 고맙고, 나를 걷게 낳아준 엄마 아빠가 고맙고, 길옆 묵묵히 길벗이 되어준 나무들도 고맙다. 걷는 일이란 고마움을 새삼스럽게 발견하는 것이다.

어느 그 누구에게나 이 길을 권한다. '또 하루만큼을 걸었구나.' 걸음을 내딛으면 내딛을수록 쌓이는 시간과 거리들, 그리고 그만큼의 기억들……. 걸으면서 '강릉의 속살에, 바다에 다가섰구나' 하고 확인하는 순간 설레던 내 가슴이 떠오른다.

이 글은 바우길을 친절하게 소개하는 길라잡이는 아니다. 다만 누군가에게 바우길로 가 이유 없이 걸어보라고 권하는 글이며, 그저 그 길을 걸었던 어느 한 사람의 기록과 추억, 마음일 뿐이다.

그 길을 걷는 누구에게나, 세월에 덧입혀진 이 오래된 길은 새로운 길이 되어 눈앞에 펼쳐질 것이다. 그리고 그 길을 걸어 우리는 다시 원점이지만 걷기 전과는 전혀 다른 새로운 원점이 될 것이다. 또다시 무엇인가를 꿈꾸고 다시 시작할 수 있는 원점! 다시 배낭을 꾸리고 싶다. 그리고 새로운 길로 거침없이 떠나고 싶어진다.

Contents

Prologue ... 004

한눈에 보는 바우길 ... 008

바우길 1구간 선자령 풍차길
새파란 하늘, 새하얀 능선 그리고 짙고 푸른 바다 ... 010

바우길 2구간 대관령 옛길
길, 시간과 마음을 이어주는 오랜 벗 ... 032

바우길 3구간 어명을 받은 소나무길
하얗고 착한 걸음, 자꾸만 뚜벅뚜벅 ... 050

바우길 4구간 사천 둑방길
걷기, 걷기, 걷기 그리고 다시 착해지기 ... 068

바우길 5구간 바다 호숫길
솔 향 솔솔, 소나무 숲 건너 만나는 새파란 바다 ... 090

바우길 6구간 굴산사 가는 길
함께 또 따로 걷는 길, 길, 길 ... 110

바우길 7구간 풍호연가
걷기의 즐거움, 마음으로 느끼는 길 ... 132

바우길 8구간 산 우에 바닷길
길동무와 함께하는 걸음, 모두가 애틋한 길 — 156

바우길 9구간 헌화로 산책길
비, 바람, 파도 그리고 나의 느린 걸음 — 178

바우길 10구간 심스테파노길
자유로운 만큼 외로운 걸음 — 198

바우길 11구간 신사임당길
모든 것에서 자유로이 걷는 일 하나에만 집중할 수 있다는 건 — 218

바우길 12구간 주문진 가는 길
바다를 건너서 봄으로! — 242

바우길 13구간 향호 바람의 길
소중한 이의 속도로 걸어보는 길, 함께 걷고 함께 행복하기 — 262

바우길 14구간 초희길
바다로 향하는 소나무 숲, 안녕! — 286

Epilogue — 310

한눈에 보는 바우길

13구간 향호 바람의 길
12구간 주문진 가는 길
5구간 바다 호숫길
4구간 사천 둑방길
11구간 신사임당길
3구간 어명을 받은 소나무길
10구간 심스테파노 길
14구간 초희길
대관령 바우길 2구간 눈꽃 마을길
1구간 선자령 풍차길
2구간 대관령 옛길
6구간 굴산사 가는 길
대관령 바우길 1구간 국민의 숲길
울트라 바우길

알아두면 유용한 전화번호

바우길사단법인(바우길게스트하우스)
주소 강원도 강릉시 성산면 보광리 403
전화 033-333-3301
홈페이지 www.baugil.org

기차
강릉역 033-520-2525
정동진역 033-644-5062
홈페이지 www.korail.go.kr
ARS 1588-7788

고속버스, 시외버스
강릉고속버스터미널
전화 033-643-6093
홈페이지 www.kobus.co.kr
ARS 033-643-6092

동서울버스터미널
전화 1688-5979
홈페이지 www.ti21.co.kr

횡계시외버스터미널
전화 033-335-5289

강릉 지역 콜택시
강릉콜 080-080-1178
개인택시콜 080-652-5858
솔향콜 080-080-1141
동아콜 080-222-7755
명주콜(주문진) 080-661-7779
승진운수(옥계) 033-534-0678
횡계콜택시 033-335-5596
횡계개인택시 033-335-6263, 033-335-5960

1구간
선자령 풍차길

거리 약 12km **시간** 4~5시간
코스 대관령휴게소(하행)-풍해조림지-국사성황당-제궁골-샘터-목장길-선자령-새봉전망대-대관령휴게소(하행)-야생화 숲길-대관령휴게소(하행)
교통 자가용 **서울** 영동고속도로-횡계IC-출구에서 우회전-삼거리 좌회전-옛 영동고속도로-대관령휴게소(하행)
속초 · 삼척 동해고속도로-강릉IC-금산IC 우회전-옛 영동고속도로 서울 방향-대관령휴게소(하행)
대중교통 **고속버스** 동서울 → 횡계 | 06:32, 07:10, 08:15, 09:00, 09:35, 10:10, 10:50, 11:25
횡계→동서울 | 배차 간격 35분
시내버스 503-1번(토, 일요일만 운행)
강릉→대관령휴게소(08:35/1회), 대관령휴게소→강릉(09:45, 15:30/2회)
택시 횡계↔대관령휴게소(택시 외 대중교통 없음)

선자령 풍차길 코스 지도

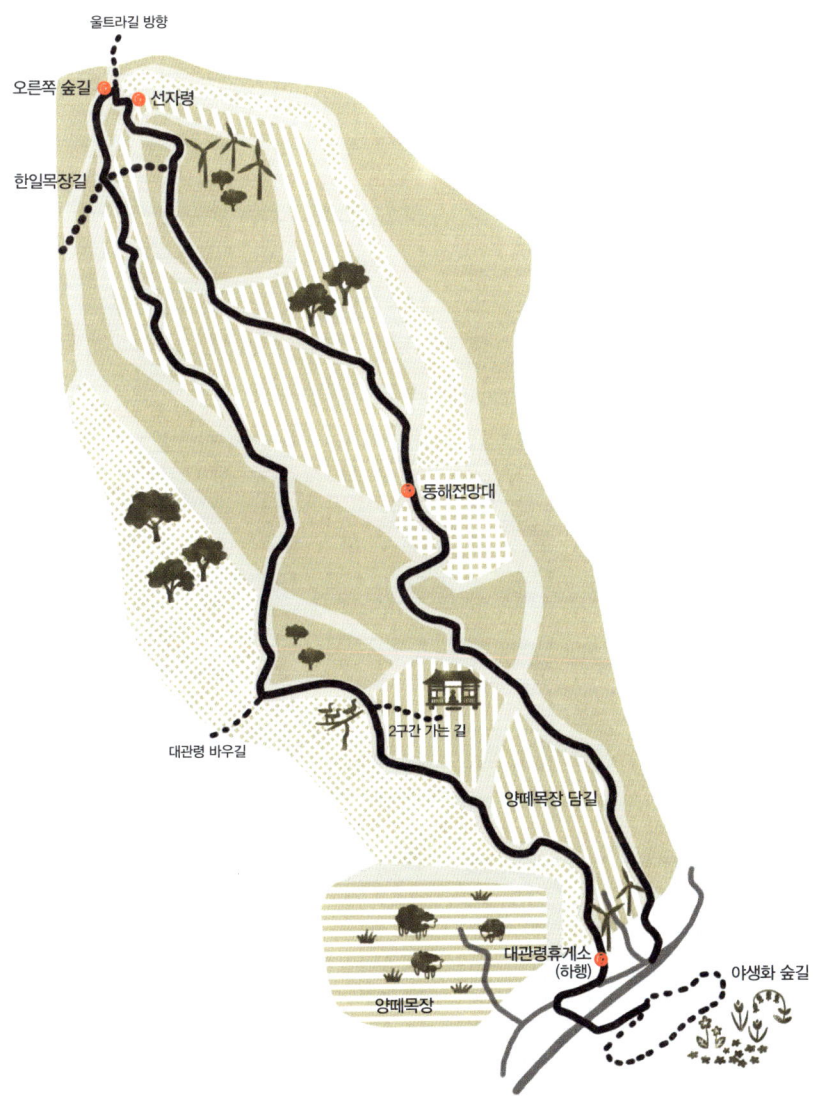

새파란 하늘, 새하얀 능선
그리고 짙고 푸른 바다

　회사라는 안정된 틀을 박차고 나와 길 위에 선 지 벌써 오 년째 접어들고 있다. 그 첫 여행지가 남극이었던 이유일까, 나의 여행지들은 가는 길이 험하고 오랜 시간과 노력이 있어야 닿을 수 있는 곳이 대부분이었다. 네팔의 높디높은 히말라야 산맥, 파키스탄의 산, 중국과 모로코의 오지, 스페인의 카미노 길……. 짧게는 며칠에서 길게는 한 달 가까이 길을 걷기도 했다.

　이번에는 그 걸음을 밖으로 돌리지 않고 우리나라 안으로 돌렸다. 해외여행 사이에 쉼처럼 우리나라 산과 바다로 향하던 걸음을 여백이 있는 풍경과 좋은 사람들, 이야기와 음식이 있는 강원도로 돌려 머문 것이다. 제주의 올레길이 한창 주목을 받고 많은 사람이 그곳을 걸을 때 나는 이미 제주도를 일 년에 서너 차례는 다녔던 터라 자연에 더 가까운 길을 목말라했다. 그때 강릉에 사는 지인으로부터 바우길 소식을 듣게 되었는데, 그 길의 일부는 내가 무척 좋아하던 길이었다. 이제는 추억만 아스라이 남은 옛길들이 그러했고, 동해의 푸른 바다를 끼고 걷는 바닷길과 솔 향 가득한 숲길이 그러했다.

바우길이라는 이름에 길의 특징이 고스란히 묻어난다. 바우는 강원도 말로 '바위'라는 뜻이다. 강원도와 강원도 사람을 친근하게 부를 때 '감자바우'라고 부르듯 바우길 또한 강원도의 산천답게 인간적이고 자연 친화적인 트레킹 코스라는 의미를 담고 있다. 그에 더해 비우(Bau)는 바빌로니아 신화에 나오는 여신의 이름으로, 한 번 쓰다듬는 것만으로도 죽을병을 낫게 하는 것처럼 바우길을 걸으며 몸과 마음이 건강해졌으면 하는 바람을 담았다고 한다.

　바우길은 백두대간에서 경포와 정동진까지 산맥과 바다를 함께 걷는 300킬로미터, 17개 구간으로 이어져 남녀노소, 가족 모두 함께 걸을 수 있는 것이 특징이다. 한참 인기몰이를 했던 제주의 올레길이 바다와 가까우면서도 일부 구간 아스팔트를 포함하고 있다면, 바우길은 철저히 자연에 가까운 길이다. 그런 이유인지 조금은 투박해 보일 수도 있고, 일부 코스는 대중교통으로 닿는 일조차 무척 불편하다. 나는 이런 여행이 좋다. 쉽게 도망치거나 포기할 수 없는 여행이니까, 자기 자신을 철저하게 자연에 내던지는 여행이니까 말이다.

　우리나라를, 그것도 내가 좋아하는 강릉을 주구장창 걸을 생각을 하니 벌써부터 마음 설렌다. 물론 걷는 여행이 늘 그렇듯 설레는 마음만큼이나 두려움도 크지만 말이다.

　2007년부터 오지와 산을 향하면서 나는 주로 혼자 걸었다. 스스로 집중하며 혼자 있을 시간이 절대적으로 필요했기 때문이었고, 누구에게도 간섭받지 않고 스스로 시간을 배분하는 여행 방식이 좋기 때문이었다. 그렇게 걸으며 길 위에서 나를 많이 내려놓을 수 있었다. 이런저런 상황만을 놓고 본다면 걷기 전과 나는 별반 크게 달라진 것이 없지만 그전의 나와 지금의 나는 분명 다를 수밖에 없다. 인생의 끈기, 나에 대한 끈기를 끝없이 길러주었다고 해야 할까. 나에게 '걷기'

는 없어서는 안 될 삶의 방식이기도 한 이유다.

　혼자 걷는 길이 가끔은 철저하게 고독하고 외로웠다. 이제는 마음만 맞춘다면 언제든 달려가 걸을 수 있는 우리나라의 길이니 가끔은 길동무가 함께라면 좋을 것 같다. 그건 혼자 걷는 것과는 또 다른 여행의 방식이니까. 오랜 벗과도 좋겠다. 느릿느릿 무릎이 아픈 엄마와도 좋겠다. 강릉의 지인과도 좋겠고, 강릉의 이런저런 얘기를 들려줄 새로운 벗이어도 좋겠다. 그렇게 마음을 다지고 나의 바우길 여행을 시작한다.

　바우길 1구간 '선자령 풍차길'의 시작점인 옛 대관령휴게소를 찾으려면 대중교통으로 한 번에 닿기가 어려워 차를 가져가기로 했다. 여행의 묘미는 대중교통을 이용해 느릿느릿 다니는 것에 있다고 생각하는 나의 여행관에도 어쩔 수 없이 이번에는 차량을 대동했다. 서울에서 출발해 경기도를 거쳐 강원도에 들어서니 산 너머로 희끗희끗 하얀 모자를 쓴 풍경이 역시 눈의 나라 강원도에 온 것을 환영해주는 듯하다. 한적한 영동고속도로를 열심히 달려 횡계IC에서 빠져나갔다. 예전 같았으면 횡계 시내도 온통 눈으로 뒤덮여 차들이 엉금엉금 다녔을 텐데 올해는 눈이 적어서 그런지 도로가 말끔히 정비된 상태였다. 횡계IC를 빠져나와 옛 영동고속도로로 들어서니 역시나 바람의 지대답게 차가 휘청거릴 만큼 센 바람이 불어왔다. 한적한 휴게소에 주차를 하고 신발 끈을 조이고 겉옷을 매만지는 동안 손이 벌써 붉게 부풀어 오를 만큼 바람이 차다. 고원지대답게 시작부터 매서운 바람이 일침을 가한다.

오전 아홉 시 반, 선자령을 향해 발을 내디뎠다. 바우길 1구간은 옛 영동고속도로 대관령휴게소에서 시작해 양떼목장을 따라 계곡길을 걷다가 선자령 정상, 새봉전망대를 거쳐 능선을 타고 다시 대관령휴게소로 회귀하는 11.7킬로미터 코스로 네 시간 정도가 소요된다.

선자령은 대표적인 눈꽃 트레킹 명소로 손꼽힌다. 대관령에서 선자령 정상까지 이어진 길이 험하지 않고 부드러운 오르막인데다 해마다 적설량이 풍부하다. 고도는 높은데 정상부가 평평한 고위 평탄면이어서 푸른 하늘 아래 부드러운 능선마다 하얀 눈밭과 눈꽃이 펼쳐진다. 거기에 이국적으로 풍차까지 돌고 있어 이 길에서는 동화 속 풍경을 걷는 듯한 기분에 젖어들게 된다. 해발고도가 1,000미터가 넘지만 오르막이 심하지 않아 남녀노소 누구나 편안하게 오를 수 있는 것도 큰 매력이다.

휴게소에서 400미터 정도를 오르면 트레킹 코스 안내도가 서 있다. 대관령목장 계곡길을 따라 선자령 정상으로 향하는 길, 국사성황당을 거쳐 짧은 임도와 선자령 능선을 타고 정상으로 향하는 길. 바우길 1구간은 대관령목장을 따라 선자령 정상으로 가는 코스이니 왼쪽 대관령목장 쪽으로 길을 잡았다. 초입부터 눈이 1미터는 충분히 넘게 쌓여 보인다. 지난 겨울 한라산을 마지막으로 올해 처음 밟는 눈 산행이라 그런지 기분이 이만저만 좋은 것이 아니다. 더군다나 이곳은 눈의 고장 강원도가 아닌가. 지난밤 새로 눈이 내렸는지 걷기에 미끄럽지 않을 만큼 표면이 살짝 얼어 아이젠 없이 눈을 밟아 올라갔다.

눈 덮인 숲길을 헤치고 오르니 낮은 철조망이 보인다. 이곳이 양떼목장이다. 철조망 사이로 하얀 눈밭의 목장이 펼쳐져 있다. 철조망 너머로는 입장료를 내고 양떼목장을 둘러보는 여행자들이 있는데 나는 눈꽃 트레킹을 하면서 입장료도 내지 않고 목장을 구경하니 일석이조다. 지금은 새하얀 눈이 덮인 목장이지만 지난가을 갈색 땅을, 여름엔 초록 풀밭을 양들이 여유작작 노닐었을 풍경을 상상하니 겨울이라는 하나의 계절에 봄, 여름, 가을이 모두 담겨 새롭게 다가온다.

양떼목장을 찾으니 내 마음은 본능적으로 2006년의 기억 속으로 젖어들었다. 대기업 교육팀에서 한창 일하던 시절, 그리고 지금의 삶을 있게 해준 한 사람을 만나던 그 순간들이 필름 돌아가듯 떠오른다. 대학 시절부터 나는 '독특하다'는 평판을 듣기 일쑤였다. -난 스스로 지극히 평범하다고 생각하므로- 그 이유는 나도 잘 모르겠지만 그 사람도 조금은 독특한 사람이기에 소개해준다는 친구의 말이 더 우스웠다. 대학 시절에 꽤 여러 남자의 접근이 있었음에도 제대로 된 연애 한 번 해보지 못한 나였다. 연애에 크게 관심도 없었거니와 그때 역시 혼자서 무언가를 해가는 일에 익숙하던 때였다. 대학을 졸업하고 회사에 다니던 시절에도 다를 바 없었는데 이를 보다 못한 유부녀 친구가 소개팅을 주선한 것이다. 신랑이 운영하던 자전거 가게 단골손님이었는데 어쩐지 말수가 없고 여행을 좋아하는 독특한 기질이 닮아 보인다는 이유였다.

첫 만남에서 인상이 그리 나쁘지는 않았다. 두 번째 만남에서 그는 나를 태우고 대관령 양떼목장을 오프로드 사륜구동 자동차로 정상까지 험하게 밟아댔다. 그때는 지금과 달라서 양떼목장으로 자동차 출입도 허용되던 때였다. 차가 뒤집어질 것 같은 거친 흔들림 끝에 굽이굽이 한없이 펼쳐진 봉우리들을 마주한 정상에 멈추더니 백 송이 장미 바구니를 주며 프러포즈를 했다. 남자다운 면과 섬세한 면이 동시에 느껴져 그 자리에서 승낙하고 말았다.

이후 나는 그를 따라 등산을 배웠다. 산이라는 단어만 들어도 절레절레 손사래를 치며 "다시 내려올 것을 왜 애써 올라야 하는지 이해가 안 된다"던 나의 볼멘소리도 쏙 들어갔다. 그는 대학 시절부터 바

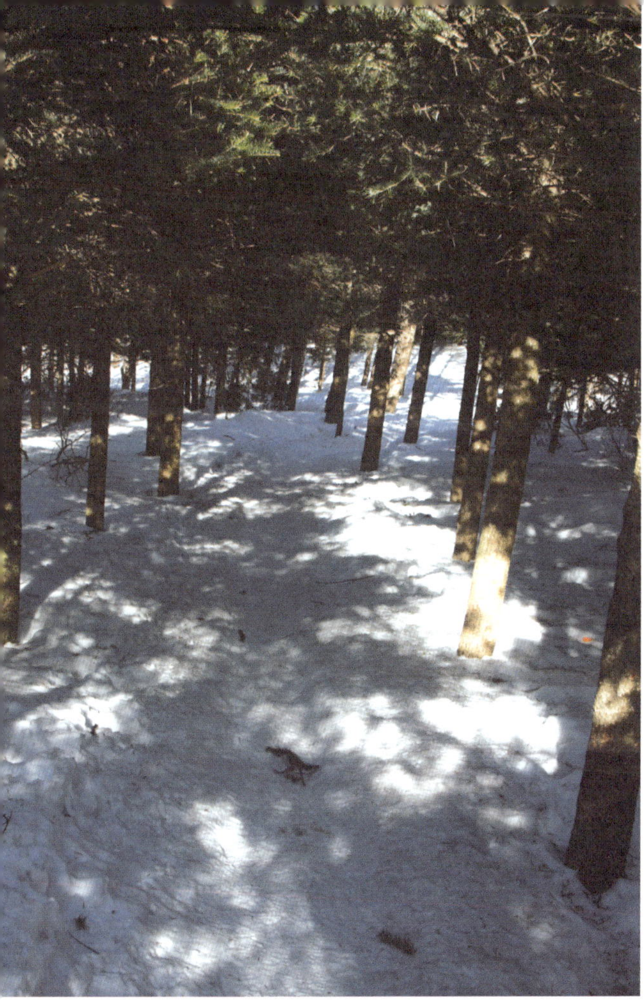

이야기가 있는
문화생태탐방로
CULTURE AND ECO TRAIL
대관령너머길 57km

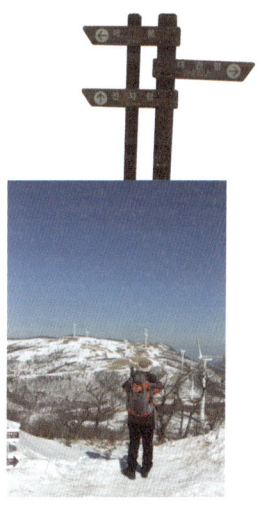

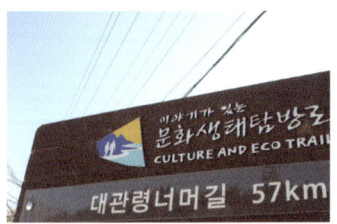

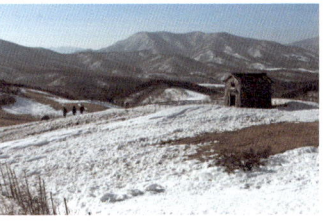

위 타기와 등산을 전문으로 하는 산악대원이었다. 일 년 가까이 만나면서 그 사람과 서울 시내에서 만난 것은 손에 꼽을 정도였고 주말이면 늘 오대산으로, 속리산으로, 한라산으로, 줄기차게 산만 찾아다녔다. 어쩌면 그는 지금의 나를 있게 해준 공신 중에 일등공신이었던 셈이다. 그랬던 그와의 사랑도 그 절차가 늘 그렇듯 이별을 향해 흘렀고, 회사를 그만두고 여행가로 변신하는 과정에서 그는 내 곁에 머물지 않았다. 대관령 양떼목장을 걸으니 불현듯 그가 스친다. 나를 걷게 해준 사람. 험한 산길을 걸을 때마다 나를 걷게 해준 그 사람에게 마음으로 고마움을 전하곤 했다. 사랑은 갔지만 산은 여전히 내 곁에 남아 있으니 참으로 다행이다.

주말이면 선자령 일대 눈꽃 산행의 묘미를 찾아 외길 줄줄이 사람의 행렬이 이어진다는데 평일 한가로워서인지 아직 사람 한 명 만나지를 못했다. 나무숲 사이로 호젓하게 이어진 눈길을 걷고 있자니 이 길이 모조리 내 차지가 된 것만 같아 내내 기분이 흐뭇하다. 이렇게 호사롭게 걸을 수 있는 나는 참으로 행복한 사람이다.

목장길이 끝나는 지점에 잣나무 군락지가 펼쳐지며 삼거리와 맞닿는다. 오른쪽은 국사성황당 방향이고 왼쪽으로 이어진 길이 계곡을 통해 선자령으로 향하는 길이다. 길은 선자령까지 계속해서 완만한 오르막으로 이어지고 있었다. 크게 힘을 들이지 않아도 풍경 자체만으로 걷는 힘이 되어준다.

이번 바우길 1, 2, 3, 4구간을 함께할 길동무는 나와 동갑인 친구로 지난겨울 네팔에서 우연히 만나 이곳 선자령까지 인연이 이어졌다. 중국 쪽 여행 관련 일을 하는 친구는 출장이 없는 틈을 이용해 나와 함께 길을 떠나왔다. 여행에서 만난 인연이니만큼 주로 여행 얘기를 나누며 걸음을 함께했다. 나는 친구에게 여행을 다닌 곳 중에서 어디가 가장 좋았느냐는 유치한 질문을 하고 말았다. 매번 내가 누군가에게서 듣던 질문이었는데, 사실 모든 여행지마다 나름의 매력이 있으니 딱히 대답하기가 참으로 곤란한 물음이다. 또한 난감하긴 해도 그 대답에 따라 그 사람의 성향을 어느 정도 파악할 수 있는 경우가 많아 간간이 던질 수밖에 없는 질문이기도 하다.

나의 곤란한 물음에 친구는 잠시 고민하는 기색이 역력했다. 궁금했다. 누구나 다른 기준이 있으니까. 그 친구도 나처럼 네팔 트레킹을 다녀왔으니 나처럼 네팔이라고 자신 있게 대답할까. 아니었다. 자신 있게 "라오스!"라고 말한다. 왜 라오스냐고 다시 물으니 '아무것도 하지 않을 자유'가 주어졌기 때문이란다.

나는 이런 여행이 좋다.
쉽게 도망치거나 포기할 수 없는 여행이니까,
자기 자신을 철저하게 자연에 내던지는 여행이니까.

방비엥에서 내가 한 것이라고는
산책하고, 책 읽고, 먹고, 자고,
머문 것뿐이었지만
라오스에서 가장 평화로웠던 곳을
꼽으라면 단연 방비엥이다.
이렇듯 여행이란 무언가를 바삐 보고
이동해야만 하는 것은 아닐 터……

라오스! 나도 그곳을 다녀왔다. 길게 머물지는 않았지만 주요 마을들을 다녀왔다. 나에게도 라오스는 '아무것도 하지 않을 자유'가 주어진 곳이었다. 사실 라오스뿐만 아니라 모든 여행지가 그러했다. 그게 여행의 주요 정의 중 하나이니까.

라오스 방비엥에서 특히 그랬다. 나무로 지은 방갈로 발코니에 놓인 의자 둘. 스스로 눈이 떠질 때까지 늦잠을 자고, 발코니 의자에 앉아 방갈로 앞으로 흐르는 작은 냇가를 바라보며 나의 아침이 시작된다. 그러다 다시 책에 시선을 내려두고, 다시 멍하니 흐르는 구름을 바라보곤 했다. 의자에 앉아 있기가 지겨워지면 자전거를 타고 강 건너 분주한 여행자들의 거리로 가 사람 구경도 하고, 원두커피를 사 들고 신 나게 페달을 밟아 다시 방갈로로 돌아오곤 했다. 이 방갈로 숙소에는 나만 아는 비밀 장소가 하나 있었는데 그곳은 영국에서 건너온 주인장이 손수 가꾼 숙소 냇가 건너편 화단이었다. 이름 모를 꽃들이 지천인 그곳에 해먹이 걸린 원두막이 하나 있었다. 그곳에 누우면 해가 뜨는 장면도, 봉우리 위로 해가 사라지는 풍경도 모두 볼 수 있었다. 해먹에 누워 있다 보면 바람이라는 것이 얼마나 부드러운 존재인지 몸이 먼저 알아차렸다.

방비엥에서 내가 한 것이라고는 산책하고, 책 읽고, 먹고, 자고, 머문 것뿐이었지만 라오스에서 가장 평화로웠던 곳을 꼽으라면 단연 방비엥이다. 이렇듯 여행이란 무언가를 바삐 보고 이동해야만 하는 것은 아닐 터…….

길동무의 "라오스!" 한마디에 나의 기억은 그날의 시간으로 날아가고 있었다. '아무것도 하지 않을 자유', 어쩌면 그것이 여행의 핵심일

지도 모를 일이다. 한 가지 덧붙이자면 아무것도 하지 않을 자유를 누리며 스스로 어떠한 죄책감도 느끼지 말 것. 그 또한 여행의 중요한 권리일 것이다.

 라오스의 기억이 겹쳐 발걸음은 좁다란 눈 위의 오솔길을 향해 서서히 오르고 있다. 얼마나 걸었을까. 능선 위로 풍차(풍력발전기)가 웅웅 소리를 내며 나타나기 시작했다. 처음에는 저 소리가 비행기 지나가는 소리인 줄 알았는데 발전기의 커다랗고 긴 날개가 하늘을 휘저으며 만들어낸 소리였다. 눈앞에서 보니 그 규모가 어마어마했다. 이곳 대관령 일대 풍력발전기가 우리나라에서 가장 큰 단지라고 하는데 아직 그 모습이 다 보이지는 않는다. 풍차의 모습이 점점 커지고 그 수가 많아질수록 나무는 낮아지고 적어지고 있다. 거센 바람에 적응하려니 스스로 몸을 낮추었겠지. 그러고 보면 자연에 순응하지 않으려는 존재는 우리 인간뿐이지 싶다. 나무도 저리 지혜로운데 말이다.
 바람이 더더욱 거세게 옷깃을 파고든다. 선자령에 가까워지고 있다는 자연의 신호였다. 넓은 임도가 나타났는데 이 길이 끝나는 지점이 선자령 정상으로 향하는 턱밑이다. 이곳에서 다시 가파른 언덕을 향해 300미터 정도를 오르면 펑퍼짐한 선자령의 정상이다. 나무들은 더욱 낮아지고 바람은 더 거세게 불어온다. 오르막을 걷는 숨결도 가빠져서 뒤를 따르는 친구를 돌아볼 여유도 없다.
 나는 내리막길보다 오르막길을 더 좋아한다. 이렇게 오르막을 걷다 보면 숨이 가빠지고 동시에 나만 들을 수 있는 투박한 숨소리가 참 좋다. 그 뒤 이어지는 정적의 상태까지도……. 그 모든 절차가 반갑다. 뭐

랄까, 내가 살아 있다는 사실을 새삼 몸으로 절실하게 느낄 수 있다고 해야 할까.

얼마나 올랐을까. 드디어 선자령의 넓은 정상부가 나타났다. 그 중앙에 '백두대간 선자령'이라 새겨진 커다란 비석이 세워져 있다. 해발 고도 1,185미터. 드디어 백두대간의 한 줄기 선자령에 우뚝 섰다. 걷기 시작한 지 한 시간 반 정도가 흘렀을까.

북쪽으로 곤신봉, 매봉, 소황병산 등의 백두대간 능선이 펼쳐져 있고 그 능선에는 새하얀 풍차가 늘어서 있다. 오른쪽으로는 멀리 동해가 펼쳐져 있다. 새파란 하늘, 새하얀 능선, 그리고 짙고 푸른 바다……. 선자령에 올라야만 오롯이 만날 수 있는 풍경이다.

아, 시원하다! 콧등이 얼어버릴 것 같은 매서운 바람이지만 기분만은 최고다. 이제부터는 능선을 따라 내리막길이 펼쳐져 있는데 1미터 이상 쌓인 눈 때문에 아이젠을 착용하고 내려가기로 했다. 열심히 내려가다 드디어 사람을 만났다. 반대로 올라오던 어르신 두 분이었다. 아주머니께서도 오르며 처음 만나는 사람이라고 몹시 반가워하신다.

선자령 일대는 손꼽히는 겨울 산행지라서 주말이면 그 행렬이 엄청나다고 한다. 눈은 1미터 이상 쌓이고 길은 한 사람이 지나갈 만한 외길이라 오르고 내리는 사람들이 엉키곤 한단다. 주말이면 수천 명의 등산객이 모인다니 그 아름다움이 깊기는 깊은가 보다.

능선 초원지대를 삼사십 분 내려오면 길이 양 갈래로 나뉘는데, 결국에는 합류하지만 새봉전망대를 거치려면 왼쪽 길로 들어서야 한다. 우리는 강릉 일대를 보기 위해 새봉전망대로 향했다. 전망대에 서니 강릉과 동해 일대를 한눈에 감싸 안을 수 있다. 멀리 경포호도 보이고 강릉을 가로지르는 남대천 줄기도 보인다. 얼마나 걸으면 저 바다에 다다를 수 있을까. 앞으로 나의 두 발로 가 닿아야 할 곳들이다.

걸음을 재촉해 내려온다. 순전히 차디찬 바람 덕분이다. 어느덧 내리막 눈길이 끝나고 임도를 만났다. 눈길을 걷다가 아스팔트를 만나니 조금 어색하다. 조금 더 내려오면 국사성황당과 반정으로 향하는 갈림길이 나온다. 이곳에서 임도를 따라 신재생에너지전시관을 지나 다시 대관령휴게소로 돌아가면 1구간은 끝이 난다. 시계를 보니 열두 시가 조금 넘었다. 친구와 나는 여기서 다시 시작점으로 돌아갈 것인지, 아니면 대관령휴게소에서 국사성황당을 거쳐 이 갈림길에서 반정으로 향하는 2구간을 걸을 것인지 고민했다. 시간이 아직 이르고 체력이 충분히 남아 있는 것 같아 시작점으로 향하지 않고 2구간으로 내려가기로 한다.

이 갈림길에서 점심을 해결하기로 했다. 오늘의 점심은 컵라면인데 펄펄 끓여 보온병에 담아온 물을 사용하기로 했다. 다행히 물이 아직 뜨겁다. 뜨거운 물을 컵라면에 붓고 기다렸다. 이른 아침부터 서울에서 내려오느라 배꼽시계는 난리다. 그러나 이를 어쩌냐, 매섭도록 불어대는 차가운 바람 탓에 라면이 채 익기도 전에 물이 식어버렸다. 덜 익은 라면을 먹고 있으니 어쩐지 배가 더 고파지는 기분이다. 역시 대관령의 바람은 차고 매서웠다. 이방인이 치러야 할 신고식이었을까. 자, 더 추워지기 전에 어서 2구간을 향해, 오늘 우리의 따스한 보금자리가 될 바우길게스트하우스를 향해 걷자. 힘내자!

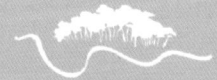

2구간
대관령 옛길

거리 약 16km **시간** 약 6시간
코스 대관령휴게소(하행)-풍해조림지-국사성황당-반정-옛길주막-어흘리-바우길게스트하우스
교통 자가용 서울 영동고속도로-횡계IC-출구에서 우회전-삼거리 좌회전-옛 영동고속도로-대관령휴게소(하행)
속초·삼척 동해고속도로-강릉IC-금산IC 우회전-옛 영동고속도로 서울 방향-대관령휴게소(하행)
대중교통 **고속버스** 동서울→횡계 | 06:32, 07:10, 08:15, 09:00, 09:35, 10:10, 10:50, 11:25
횡계→동서울 | 배차 간격 35분
시내버스 503-1번(토, 일요일만 운행)
강릉→대관령휴게소(08:35/1회), 대관령휴게소→강릉(09:45, 15:30/2회)
택시 횡계→대관령휴게소(택시 외 대중교통 없음)

대관령 옛길 코스 지도

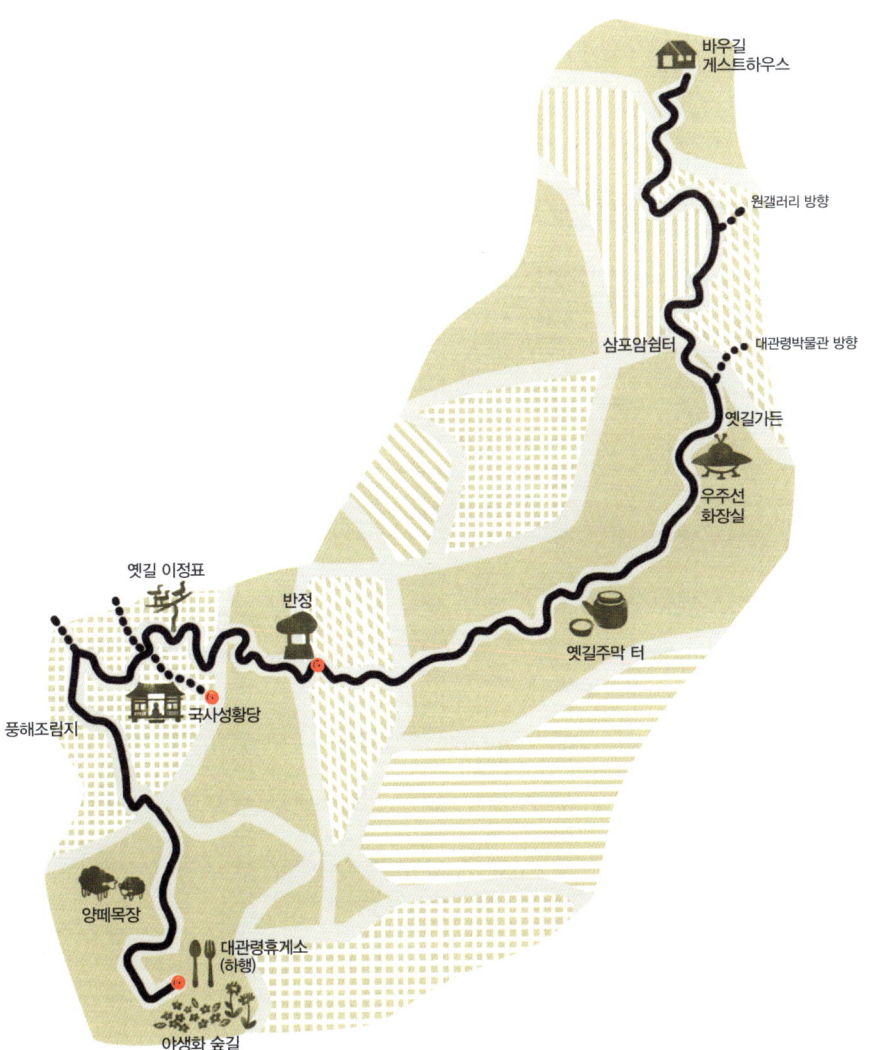

길, 시간과 마음을 이어주는 오랜 벗

바우길 1, 2구간의 갈림길인 국사성황당과 반정으로 내려가는 길목에서 점심을 급히 해결하고, 다시 반정으로 향하는 눈길로 발걸음을 옮겼다. 2구간인 '대관령 옛길'은 원래 대관령휴게소에서 시작해 국사성황당과 반정을 거쳐 옛길주막 터, 어흘리 마을을 지나 옛 영동고속도로를 건너 바우길게스트하우스까지 이어지는 16킬로미터의 트레킹 코스이다.

국사성황당은 유네스코가 인정한 무형문화제인 강릉 단오제가 시작되는 곳이다. 단오의 주인인 국사성황신이 타고 내려온 나무, 즉 신의 나무神木가 행차하던 길이 바로 이곳 대관령 옛길이다.

반정으로 향하는 길 역시 눈이 가득하다. 길은 계속해 급경사의 비탈이 기다리고 있었다. 이상하게도 대관령 옛길은 가파른 내리막인데도 길이 주는 분위기가 한없이 부드럽다. 이리 휘고 저리 휜 이 비탈길을 말들이 오르고 사람들의 발길이 이어졌다. 길은 그저 길이 아니라 시간의 흐름을 고스란히 온몸으로 받아낸 역사의 현장이기도 했다.

얼마만큼 내려왔을까, 횡계와 강릉을 오가던 옛길이 나타나고 대관

령 옛길(반정)이라는 표지석을 만났다. 반정을 알리는 표지석을 지나 본격적인 내리막길로 들어서니 숲의 기운이 느껴진다. 참나무가 군락을 이루고 있다. 그 사이사이 소나무도 드물지 않게 보인다. 겨울이라고 해도 나무들이 내뿜는 신선한 공기는 추위를 뚫고 인간에게까지 전해지니 인간의 힘으로는 결코 자연을 거스르거나 이길 수 없는 노릇인가 보다.

이곳 내리막길에는 시비와 시판이 있다. 시비가 조금 독특해 이리저리 살펴보니 이병화유혜불망비다. 대관령은 아흔아홉 굽이라 불리던 영(고개)길이었다. 그러나 산세가 워낙 험하여 왕래가 거의 없다가 조선 중기에 이르러 길을 조금 넓히면서 사람의 발길이 잦아졌다고 한다. 그 역할을 한 사람이 바로 이병화다. 그는 강릉 관아의 하급 관리로 일하던 사람이었는데, 기관의 일을 그만두고는 반정에 주막을 짓고 대관령을 오르내리는 나그네들에게 침식을 제공하며 길을 넓혔다고 한다. 그 덕분에 대관령을 오르는 일이 훨씬 쉬워졌고, 한겨울에도 먹고 자는 일을 걱정하지 않게 되었다. 이를 고맙게 여긴 어흘리 주민들이 이런 이병화의 선행을 감사히 여겨 비석을 세운 것이다.

멀리 바다가 보이고 굽이굽이 산이 펼쳐져, 풍경이 한 폭의 그림과 같아 대관령을 배경으로 한 시와 그림이 많이 남겨졌다고 한다. 송강 정철이 이 길을 걸으며 〈관동별곡〉을 쓰고, 조선의 화가 김홍도가 이 길 중턱에서 〈대관령〉을 그리기도 했다. 무엇보다도 신사임당이 어린 율곡의 손을 잡고 친정인 강릉과 시댁인 한양을 오가며 부모형제를 그리워했을 심정을 생각하니 같은 여자로서 진한 애틋함이 밀려왔다.

신사임당이 지은 〈사친시〉가 내려오는 길목의 시판에 새겨져 있어 그 마음을 더욱 가깝게 느낄 수 있었다.

> 늙으신 어머님을 강릉에 두고
> 외로이 서울길로 가는 이 마음
> 돌아보니 북촌은 아득도 한데
> 흰 구름만 저문 산을 날아 내리네

계속해서 내리막길을 가니 오른쪽 무릎이 조금 걱정이다. 지난해 늦가을에 사흘 동안 지리산을 종주했는데 너무 많이 걸어서인지 내리막길에서 한 걸음도 움직이지 못할 만큼 찌릿찌릿한 통증을 느꼈다. 그래서 마음먹은 것과 달리 정상을 코앞에 두고 하산할 수밖에 없었던 경험이 있다. 그 이전에도 꼭 오른쪽 무릎이 말썽이었다. 많이 걷거나 돌이 많은 내리막길에서 어김없이 통증이 느껴졌기 때문이다.

지난봄 동네 인근의 정형외과를 찾으니 의사는 무릎 연골이 닳아 인조 연골 외에는 이렇다 할 치료 방법이 없으니 조심해야 한다는 말뿐이었다. 청천벽력 같은 말이었다. 관절염이 있는 것도 아니고 나이가 많은 것도 아닌데 젊은 나이에 연골이 닳아 없어지다니……. 가볍게 산책을 하는 정도뿐 심하게 걷지도 말라니 나 같은 도보 여행자에게는 하늘 무너지는 소리와 다를 바 없었다. 그간 몸 생각하지 않고 너무 무리했나 싶어 자책만 해오던 참이었다.

지리산에서 내려와 마지막으로 제대로 된 진료를 받아보자는 마음으로 평소 잘 알고 지내던 의사께서 추천해준 무릎 전문 유명 의사를 찾아가 어렵게 예약을 했다. 다양한 각도로 양쪽 무릎의 엑스레이 사진을 찍었다. 그 사진을 본 의사 선생님은 양쪽 뼈가 아주 잘생겼다고 감탄을 하셨다. 전혀 생각지도 못했던, 뼈가 잘생겼다는 말씀에 기분은 좋았다. 더욱이 이렇게 뼈가 잘생긴 사람에게는 관절 문제가 일어나지 않으니 안심하라고, 연골의 문제가 아니라 연골을 잡고 있는 근육의 문제라고, 꾸준한 근육 운동만이 유일한 치료법이라는 설명까지 듣고 나니 그 기분은 더없이 좋아졌다.

불안했던 마음이 이제는 기쁨으로 들떴다. 열심히 걷고 크게 무리하지 않으면 괜찮다고 하니 얼마나 다행인지, 마음껏 걸을 수 있다는데 기뻐하지 않을 이가 있겠는가 싶었다. 이번에 바우길을 걸으며 큰 통증만 나타나지 않길 빌고 또 빌었다. 쌓인 눈이 완충 역할을 해서인지 아직 통증이 없는 걸 보니 참으로 다행이었다.

계속된 눈길 내리막을 가다 보니 어느덧 평평한 길이 나온다. 그 오른쪽으로 커다란 그림 하나가 눈에 띈다. 바로 김홍도의 〈대관령〉 그림이다. 그림을 확대해 판에 새겼는데 그 그림을 보자마자 단번에 반정에서 내려다본 동해 쪽 풍경임이 느껴졌다. 길은 굽이굽이 산과 산 사이를 돌아 동해로 이어졌고, 그 왼쪽으로는 경포호가 바다와 맞닿아 있었다. 굽이굽이 산의 능선들이 묵의 짙기를 달리하여 멀고 가까움까지 표현하고 있었다. 시간은 흘렀고 시대는 갔지만 길은 이렇게 남아 과거와 오늘을 이어주며 그 마음까지도 머물게 하는 것 같았다.

김홍도의 〈대관령〉 그림을 지나 내려오니 눈이 점점 사라지고 흙길이 나타난다. 왼쪽으로 옛 주막 한 채가 눈에 들어온다. 아마도 대관령을 넘는 사람들을 위한 주막이었을 것이다. 그 옛날의 길손이라면

 나도 이곳에서 목을 축이고 배를 따듯하게 했을 테지만 사람은 없고 그 장소만 보존하고 있다. '먼 옛날 이곳에서는 길손들이 머물며 목도 축이고 잠도 자고 그랬겠지' 생각하며 처마 끝을 바라보니 겨울 햇살이 찡긋거린다. 주막에 도착해서야 눈길에서 톡톡히 제 역할을 한 아이젠을 푼다.

 주막은 귀틀 초가집으로 예전 모습을 그대로 갖추려고 노력한 흔적이 보인다. 지금 그 옛날의 주막 기능은 없고 단지 이 길을 오가는 여행자들을 위한 쉼터로 쓰이고 있다. 초가집 안에는 옛날 생활 모습을 그대로 전시해두고 있어서 볏짚 방석, 대나무 광주리 등의 전통 생활용품을 살펴볼 수 있다. 초가집 옆에는 겨울 추위에 얼어 돌지 않는 물레방아도 있고, 오른쪽으로는 텃밭도 가꾸어놓았다. 잠시 툇마루에 앉아 따뜻한 차 한 잔 마시며 몸도 녹이고, 봄을 기다리는 따스한 공기를 머금으며 한숨 돌린다. 따스한 햇볕을 받으며 시비에 새겨진 신봉승 시인의 시 〈대관령〉을 찬찬히 마음으로 읽어 내려갔다.

대관령

신봉승

저기 물안개 소낙비 아련한 산을
그려도 움직이는 한 폭의 비단
저기 빨간 단풍으로 색칠한 산을
어연히 손짓하며 우릴 부르네
대관령 아흔아홉 굽이굽이는
내 인생 초록물 들이면서 나그네가 되라네

저기 찬바람 하얀 눈 소복한 산을
누구를 기다리다 봄은 머언데
저기 진달래 철쭉으로 불타는 산을
구름도 수줍어서 쉬어 넘는데
대관령 아흔아홉 굽이굽이는
내 인생 초록물 들이면서 나그네가 되라네

이 시는 곡을 달기 위해 지어 2절로 이루어져 있다. 1절이 가을 단풍을 붉게 노래하고 있다면, 2절은 봄을 기다리는 겨울 산을 노래했다. 지금의 내 마음과 꼭 맞닿아 있었다. 봄을 기다리는 겨울 산처럼 봄을 기다리는 여행자의 마음 말이다.

주막을 나서 조금 걸으니 드디어 흙길이 끝나고 아스팔트가 펼쳐진다. 역사의 옛길에서 뛰어나와 다시 현재의 마을인 것이다. 우주선 모양의 건물도 있고 길 양옆으로 식당과 가게들이 들어서 있다. 여기서부터는 큰길을 따라 쉬엄쉬엄 걸으면 된다. 흙길이나 눈길을 걷다 보면 이런 아스팔트 포장도로가 얼마나 지루한지 알게 된다. 재미도 없고, 발에도 더 무리가 오기 때문이다. 바우길은 아스팔트를 최대한 배제했다고 하니 앞으로 남은 구간들을 서로 비교하면서 걸어도 좋을 것 같다. 구간마다 나름의 특색을 살려 길을 찾아냈다니 말이다.

언젠가 사단법인 강릉바우길의 이사장으로 있는 이순원 작가의 인터뷰를 본 기억이 난다. 길을 내려고 길을 만드는 것이 아니라 이미 있는 길을 찾아내고 이어갔다고 한다. 150킬로미터가 넘는 바우길이지만 구간마다 서로 다른 특색을 살리고자 했단다. 어떤 길은 멀리 바다를 보며 산맥의 능선을 타기도 하고, 어떤 길은 산길에서 바다로 나아가기도 하고, 또 어떤 길은 바다를 끼고 걷기도 한다. 그러다가 다시 바다에서 산으로 오르기도 하면서 숲길과 바닷길을 번갈아 걷는다. 그러니 각 구간은 나름의 색깔을 가진 길일 수밖에 없다. 또 각 구간은 자연의 모습을 그대로 간직하고 있으면서 역사적 이야기가 있는 길이기도 하다는데, 강릉 사람이 아닌 나는 그 깊이를 제대로 알지 못하더라도 각 길이 주는 자연 그대로의, 제 모습 그대로의 느낌만으로도 충분히 행복할 수 있을 것 같다.

   대기업 연구원에서 걷는 여행자로 변신하면서 세계의 이곳저곳을 참 많이도 걸었다. 날씨 상황이 안 좋아 체력적으로 가장 힘들었던 곳은 남극이었다. 얼굴을 가리고 숨을 내쉴 때마다 입 주변에 얼음이 얼었고, 너무 힘들어 흘렸던 눈물마저 볼에 붙어 얼어버릴 정도였으니 남위 89도에서 남극점까지 걷는 11일간은 어쩌면 나에게 너무 과분한 일이었는지도 모르겠다. 또 정신적으로 가장 힘든 걷기 여행지를 꼽으라면 나는 스페인의 카미노 데 산티아고 길을 꼽는다. 하루에 적게는 20킬로미터, 많게는 35킬로미터까지 걸었는데 발은 물집이 잡혀 아프지 않은 곳이 없었고 그보다 더 힘들었던 건 내일도, 모레도 또 이렇게 걸어야 한다는 끝없는 부담감이었다. 걷고 있지만 끝이 보이지 않는 막막함이랄까, 한 달 내내 이렇게 걸어야 한다는 그 사실 자체가 커다란 부담으로 작용했던 여행이었다. 왜 그 길이 순례자의 길이었는지 뼈저리게 느낄 만큼 말이다.

　내가 남극을 걷고, 산티아고를 걸으면서 지역적인 정보나 역사적 사실을 잘 알고 걸었던 것은 아니다. 다만 길이 주는 느낌과 감흥을 그대로 받아들이면서 단순히 걷는 행위에 더 집중했다. 그것만으로도 충분히 가치 있는 일이라 생각했고, 이는 지금도 변함이 없다. 많은 사람이 물었다. "왜 걷나요?"라고. 걷는다는 그 행위는 걸으면서 느껴지는 사소한 것들에 대한 섬세한 감흥에 집중할 수 있어 좋은 것 같다. 그저 걷는다는 사실 하나만으로도 마음을 비워내고 걷는 일 하나에만 집중할 수 있다는 것, 그 사실이 참 좋다.

　아스팔트를 따라 어흘리 입구에 다다른다. 어흘이라는 이름은 무슨 뜻일까? 어흘리는 행정구역 통폐합으로 생겨난 이름이라고 한다. 그 당시 이 지역 골짜기에는 반쟁이, 굴면이, 망월이, 제민원, 가마골 등 여섯 마을이 있었는데, 이 골짜기 마을이 잘 어울려서 어울리라는 이름이 생겨났고, 이를 한자로 표기하는 과정에서 어흘리가 됐다고 한다. 마을 이름 하나에도 이런 사연이 있으니 길 곳곳에는 얼마나 많은 사연이 숨어 있는 걸까.

　점심을 덜 익은 컵라면으로 채웠더니 배꼽시계가 난리다. 나의 여행 중 철칙이 하나 있다면, 잘 먹고 잘 걷자는 것이니 여행할 때면 항

상 그 지역의 맛집을 거르지 않고 찾아다닌다.

이곳 성산면에서는 대구머리찜이 유명하다고 강릉 지인이 귀띔을 해주었고, 이곳 성산을 지날 때마다 늘 대구머리찜이 궁금하던 참이었다. 어흘리 입구에서 대관령박물관을 지나 잠시 바우길을 벗어나 성산마을로 향한다. 어느 때보다도 신 나고 가벼운 걸음이다. 듣던 대로 성산마을에 옹기종기 모여 있는 식당 중에서 가장 많은 집이 대구머리찜 음식점이다. 바로 대구머리찜으로만 먹거리촌을 형성한 곳이다.

대구는 겨울에 맛이 가장 좋고, 주로 주문진 항구에서 많이 잡힌다고 하니 지금이 제철일 터. 옛집의 형태를 갖춘 식당에는 저녁을 먹으려는 손님으로 붐볐다. 우리도 대구머리찜을 주문했다. 드디어 나온 찜! 모락모락 김이 나고 콩나물과 대구 머리, 미더덕과 고춧가루의 맛이 부드럽게 어우러져 입에 착착 감겼다. 매콤한 맛에 대구 머리의 쫄깃쫄깃한 질감과 콩나물의 아삭한 느낌이 으뜸이었다. 서울의 찜 요리와 다르게 단단한 두부가 더해져 토속적인 맛이 더욱 진하게 배어났다. 아, 배는 부르고 방바닥은 따뜻하고……. 이대로 누워서 한 시간만이라도 잘 수 있다면 좋으련만 어림없는 소리다. 어두워지기 전에 어서 바우길게스트하우스로 향해야 한다.

다시 바우길로 접어들어 어흘리를 지나 만나는 옛 영동고속도로 456번 도로를 건너면 잡곡마을이 나오고 길은 다시 보광리로 이어진다. 보광리로 가는 길 양옆으로 소나무가 늘어서 있다. 이 길은 나에게도 꽤 익숙하다. 여행하고 글을 쓰는 일 말고도 나에게 다른 일이 있는데 그것은 아이들과 함께하는 여행학교 일이다. 2009년에 시작해 사년째 접어드는 일이다. 우리나라 구석구석 참 많이도 걷고 걸었다.

바우길 코스가 다 만들어지기도 전에 나는 이곳을 두 차례 아이들과 걸었다. 한 번은 4~6학년 아이들이었고, 한 번은 2~4학년 아이들이었다. 고학년 아이들에게는 체력적인 한계를 깨주는 여행이었고, 저학년 아이들에게는 이제 막 여행을 시작해 여행의 매력과 걷기의 재미를 알게 해주는 여행이었다. 그중에서도 나는 저학년 아이들과 함께한 여행이 더 기억에 남는다. 학교와 학원, 집만을 오가던 아이들에게 자연으로의 여행은 온통 신기함 가득이었다. 길가에 아무렇지도 않게 핀 꽃들이 신기하고, 걷다가 지쳐 길에 자연스럽게 누워 바라보는 하늘이 낯설지만 재미나다. 아이들은 길가에 누울 생각도 않지만 "너도 누워봐, 편해"라고 내가 외치면 마지못해 누웠다가 이내 작은 휴식이 주는 위안과 한 뼘 다가선 하늘을 느끼고는 함박웃음을 지었다. 그 모습이 눈에 선하다.

길동무가 되어 아이들에게 여행의 매력을 알게 하면서도 이렇게 온몸으로 자연을 느끼는 아이들을 볼 때면 오히려 내가 더 배우는 게 많다. 여행을 자주 하지만 매너리즘에 빠지지 않고 처음처럼 여행하자는 초심 같은 것 말이다. 보광리로 들어서다 바라본 파란 하늘을 보니 그때 함께 걸었던 아이들의 발그레한 얼굴과 걸음이 겹쳐져 온다.

　몇몇 작은 집들을 지나 드디어 2구간의 종착지인 바우길게스트하우스에 닿았다. 대관령휴게소에서 선자령, 반정을 거쳐 이어온 기나긴 걸음이었다. 2구간의 끝이지만 아이들과의 걸음 여행이 떠오른 까닭인지 나에게는 시작과 같은 느낌이었다. 찬바람에 튼튼하게 걸어준 두 발이 고맙다. 큰 통증 없이 버텨준 오른쪽 무릎에도 고맙다. 오늘은 뜨끈한 바닥에서 추위에 꽁꽁 움츠렸던 몸을 달래주고 싶다.

　오늘 잠자리인 바우길게스트하우스는 예전에 펜션이었던 것을 장기 임대해 바우길을 걷는 여행자들에게 편안한 잠자리와 식사를 제공하는 곳이다. 나라 밖에서 여행할 때마다 우리나라에도 제대로 된 게스트하우스가 생기면 참 좋겠다는 생각을 했는데 올레길을 필두로 해 걷기 여행길에 저렴하면서도 시설이 잘 갖춰진 게스트하우스들이 들어서고 있어 무척 반갑다. 더군다나 바우길게스트하우스는 사단법인 강릉바우길에서 직영으로 운영하는 곳이라 바우길을 걷는 여행자들의 휴식처이면서도 정보 공유는 물론 좋은 여행자들을 만날 수 있는 장이 되고 있다. 건물이나 시설도 무척 깔끔하고 걷다가 지친 여행자들이 머물기에 안성맞춤이다. 아침과 저녁 식사를 제공하고 따듯한 잠자리까지 갖추고 있으니 바우길에 이만한 숙소도 없을 듯싶다.

 참으로 잘도 걸어온 나에게 오늘은 칭찬을 실컷 해줘도 좋을 저녁이다. 따듯하게 샤워를 마치고 이불을 폭 덮고는 바우길 지도를 펼쳤다. 지금까지 온 길을 더듬고 앞으로 걸어갈 길을 손으로 매만진다. 바다를 만나려면 아직 더 걸어야 한다. 한겨울의 짙푸른 바다를 어서 만나고 싶다. 내일은 또 어떤 길이 펼쳐질지, 날씨가 궂지는 않을지 궁금해지는 밤이다. 꿈에서라면 오늘보다 더 가볍게 걸을 수 있을까. 오늘 밤, 강릉 바다를 만나는 꿈을 꾸어야겠다.

3구간
어명을 받은 소나무길

거리 약 12km **시간** 5~6시간
코스 바우길게스트하우스—장승쉼터에서 오른쪽 산길—어명정—술잔바위—송이움막—임도삼거리—명주군왕릉—명주군왕릉 주차장
교통 자가용 **서울** 영동고속도로—횡계IC—출구에서 우회전—삼거리 좌회전—구 영동고속도로—대관령휴게소(하행)—강릉 방향—보광리 좌회전—보광교—바우길게스트하우스
강릉 · 속초 · 삼척 금산IC—구 영동고속도로—보광리 우회전—보광교—바우길게스트하우스
대중교통 **시내버스** 502번
강릉→보광리 06:00, 07:10, 09:05, 11:05, 13:05, 15:10, 17:10, 19:07, 21:10(공휴일 막차 운행 없음)
보광리→강릉 06:45, 07:55, 10:05, 12:05, 14:05, 16:05, 18:05, 20:05, 21:55(공휴일 막차 운행 없음)

어명을 받은 소나무길 코스 지도

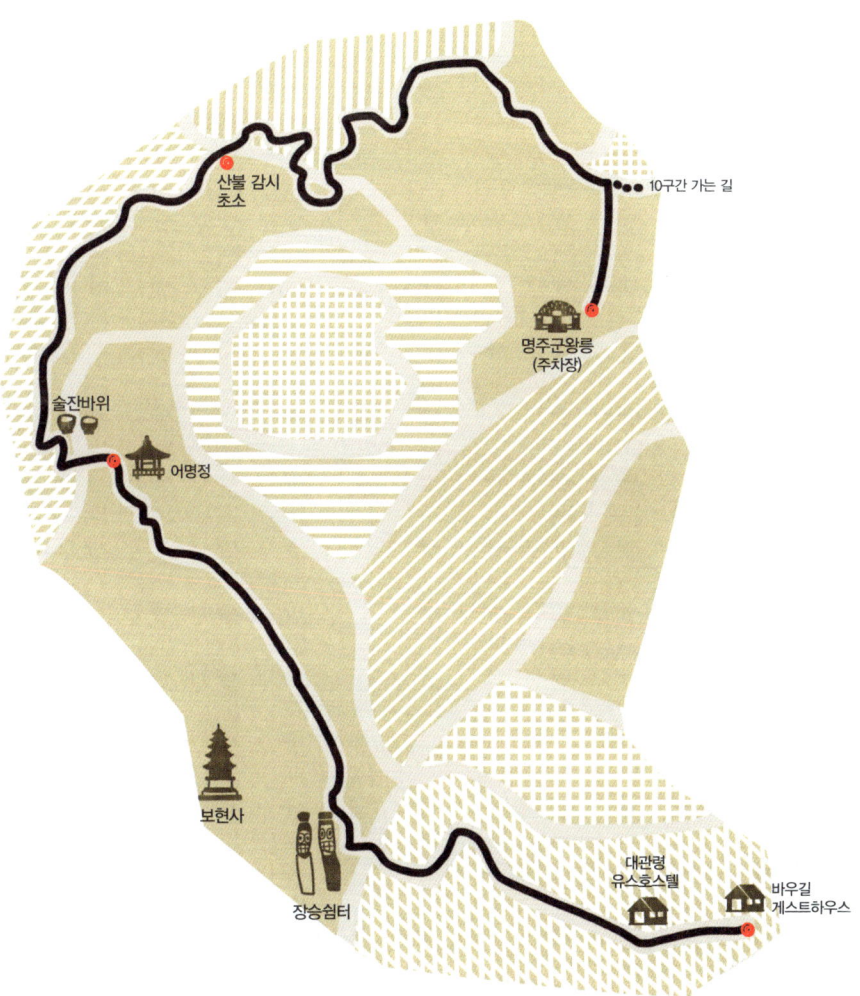

하얗고 착한 걸음, 자꾸만 뚜벅뚜벅

　　2구간의 종착점이자 3구간의 시작점인 바우길게스트하우스에서 발목 뻐근한 느낌으로 아침을 맞았다. 깃털처럼 가볍고 개운한 상태는 아니지만 오래 걸어 묵직한 근육의 느낌이 싫지만은 않다.

　　게스트하우스 식당에서 아주머니께서 정성스레 준비해주신 아침을 자율 배식으로 먹을 만큼만 접시에 덜어 식사를 했다. 간결한 반찬들이 입맛에 꼭 맞았다. 무말랭이무침, 깻잎절임, 김치, 멸치볶음, 거기에 소고기무국까지 강원도 공기 좋은 곳에서의 아침이 꿀맛이었다. 오늘 3구간 중간에는 식당이나 인가가 전혀 없기 때문에 미리 준비한 바우길게스트하우스표 주먹밥까지 든든히 챙겼다. 수통에 뜨거운 물을 가득 받아 둥굴레차까지 우려내면 이제 길 떠날 준비가 다 된 것이다.

　　바우길 3구간 '어명을 받은 소나무길'은 바우길게스트하우스를 떠나서 보현천 마을을 지나 보현사 앞, 쉼터를 거쳐 어명정에 이른다. 이후 술잔바위와 송이움막을 거쳐 명주군왕릉까지 이르는 13킬로미터의 길이다.

　배낭을 든든하게 둘러메고 게스트하우스 입구로 향하니 파란 화살표가 게스트하우스 뒤편으로 이어져 있어 그 길을 따랐다. 내가 가진 정보에 의하면 게스트하우스 앞길을 따라 보현사 앞까지 걸어야 하는 것으로 알고 있었는데 그새 길이 변경되었나 싶어 믿고 따라가자 마을 주민들이 산책 삼아 오르내리는 뒷산으로 길이 이어져 있었다. 시작부터 만만치 않은 오르막이었다. 그렇게 십 분 정도를 걸었을까. 아무리 봐도 바우길 표시 리본이 나타나지 않는다. 불현듯 불길한 예감이 들어 가던 길을 멈추고 다시 게스트하우스 앞 도로로 방향을 바꿨다. 아니나 다를까, 그곳에 바우길임을 알리는 하얗고 붉은 리본과 솟대 그림이 있는 것이 아닌가. 하마터면 길 잃고 헤맬 뻔했다.

보현사까지 이어진 큰 도로를 따라 마을을 조금씩 벗어나고 있었다. 길은 좁아져 겨우 차 한 대가 지나갈 만한 폭으로 줄어들어 임도로 바뀌었다. 초반부터 완만한 오르막이 이어졌다. 바우길을 걷다 보면 길을 안내하는 이정표를 볼 수가 있다. 구간의 갈림길에서는 지도와 함께 길에 대한 설명이 깃들여진 나무 표지판을 볼 수 있고, 걷는 내내 나무나 전신주에 매달려 펄럭이는 하얗고 붉은 리본과 벽면에 그려진 솟대를 만날 수 있다. 이는 모두 바우길을 안내하는 표시이다. 특히 푸른 솟대는 다른 길에서는 볼 수 없는 강릉 바우길만의 특색이 묻어나는 표시이다.

솟대는 마을 공동체 민간신앙의 하나로, 정월 대보름에 마을의 안녕과 풍년을 기원하며 농악을 울리거나 마을 입구에 세워 마을 신의 하나로 숭배하였다고 한다. 솟대 위의 새는 대부분 오리로 여겨지며 일부 지역에서는 기러기, 갈매기, 까치 등의 물새를 형상화한다고 한다. 바우길에서 솟대를 길잡이의 표시로 삼은 것은 바우길을 걷는 여행자들의 안전과 건강을 기원하는 의미가 아닐까 하는 생각이 든다. 바우길을 걷다 보면 알게 된다. 나뭇가지에 휘날리는 리본과 돌이나 전신주에 그려진 솟대 표시를 보면 반가움이 더하며 발걸음도 한결 가벼워진다는 것을.

보현사 입구에서 길은 임도를 버리고 오른쪽 능선으로 이어진다. 여기서부터 3구간의 본격적인 오르막길에 접어들게 된다. 소나무 사이로 길은 지그재그 쉼 없이 오르막을 반복했다. 조금씩 숨이 거칠어지고 시선은 땅을 향하지만 힘들다는 생각은 조금도 들지 않는다.

보현사 입구에서 능선의 쉼터까지 한 시간 정도 이어지는 오르막의 연속이었다. 아직 눈이 많이 쌓여 있어 군데군데 얼음이 있었지만 많이 미끄럽지 않고 오르막이라 아이젠을 착용하지 않고 걸었다. 한겨울이라도 소나무에서 뿜어져 나오는 좋은 기운 덕분에 삼림욕을 하는 기분이었다.

지난봄 아이들과 함께 이 길을 오르던 기억이 난다. 가파른 오르막길에 여자아이 한 명이 힘들어 울며 가다 서기를 반복했는데 멋진 남자아이들이 서로 번갈아가며 그 아이의 배낭을 둘러멨다. 기특한 선행이다. 여행길에서 배운 배려심이 저절로 드러난 것이다. 보현사 입구에서 오른 지 한 시간 정도 지나 임도를 만나는 쉼터에 이르렀다. 임도여야 할 자리이지만 이미 1미터 이상의 눈이 쌓여 표지 팻말도 눈에 파묻히고 길과 산이 구분되지 않을 정도다. 쉼터를 뒤로하고 오른쪽으로 이어진 눈 덮인 임도 능선을 따라가면 모퉁이 명당자리에 어명정이 있다. 이곳에서 쉴 겸 정자에 오르면 정자 바닥의 유리 아래로 금강소나무의 그루터기를 내려다볼 수 있다.

바우길 3구간이 '어명을 받은 소나무길'로 이름 지어진 것은 바로 이곳에서 유래한다. 2007년 광화문 복원을 위해 이곳 금강소나무를 베었는데, 나무에게 궁궐의 재목으로 쓰임을 어명으로 알리고 이를 채벌하기에 앞서 소나무의 영혼을 달래기 위해 진혼굿을 했다고 한다. 이때 베어낸 나무의 그루터기를 그대로 보전하여 이곳을 지나는 여행자들이 볼 수 있게 하려고 어명정을 세웠다. 이곳 어명정에서 보는 풍경은 "와!" 하는 탄성을 자아내게 한다. 서쪽을 바라보면 대관령 일대의 풍차가 늘어선 백두대간의 능선이 마치 파노라마처럼 펼쳐져 있다. 역사적 소임을 다한 소나무 그루터기 위에서 백두대간 능선을 바라보며 마시는 따뜻한 차 한 잔. 한겨울 이 같은 호사를 누리는 여행자가 또 어디 있단 말인가.

　달콤한 휴식 후 임도를 버리고 다시 숲길로 접어든다. 여기부터는 눈이 더 많이 쌓여 있어 아이젠을 든든히 챙겼다. 아니나 다를까, 가파른 언덕에 가득 쌓인 눈으로 아이젠 없이는 오르기 힘들 정도였다. 우거진 소나무 군락과 잡목 숲 사이로 이어진 바우길 3구간은 그 옛날 나무꾼과 임산물 채취꾼들이 다니던 여러 옛길을 찾아 연결했다고 하니 일부러 만든 것이 아닌 자연 그대로의 길이라고 할 수 있다.

산길로 들어서 삼십 분 정도 오르면 나타나는 술잔바위. 백두대간을 바라보는 전망 좋은 자리에 길게 누운 이 바위 끝 부분에 세 개의 작은 웅덩이가 있고, 그곳에 물이 고여 술잔을 연상케 한다고 알려진다. 그러나 내가 갔을 때는 바위 절반이 눈으로 덮여 그 모습을 자세히 볼 수 없었다. 술잔 모습을 보지는 못하더라도 이 바위에서 바라보는 백두대간의 시원스런 모습이 꿀맛 같은 안줏거리였다.

술잔바위에서 시선을 잠시 백두대간에 내려뒀다 다시 바우길 표시 리본을 찾아 우거진 길을 갔다. 사람이 오간 지 꽤 되었는지 길의 흔적이 없어서 열심히 리본을 찾아 길을 걸었다. 무릎까지 푹푹 빠질 만큼 많은 눈이 쌓여 있었다. 경사가 없어 편하게 걸었다. 조금 걸어가니 나무로 지은 움막이 나타난다. 바로 송이움막이다. 이곳에서는 가을철에 송이버섯이 많이 난다고 한다. 그래서 가을이면 송이 채취를 위해 송이꾼들이 이곳에서 기거한다는 것이다.

송이움막을 지나니 길은 이제 내리막이다. 능선을 올랐으니 다시 임도로 내려가는 모양이다. 구석구석 미끄러운 얼음을 피해 열심히 내려왔다. 삼십 분 정도를 걸으니 다시 임도와 만났다. 임도이지만 이미 눈에 덮여 알 길이 없다. 온통 눈으로 덮인 그 길이 좋아 눈길 위에 벌렁 누워 하늘을 올려다봤다. 입김 사이로 파란 하늘이 가득하다. 시원하고 또 시원하다. 겨울 산이 주는 매력으로 이처럼 가슴이 뻥 뚫릴 것 같은 시원함을 으뜸으로 꼽고 싶다.

나는 겨울이 아니라면 산에 다닐 때 주로 작은 방석이나 둘둘 말아 놓은 기다란 매트를 꼭 들고 다닌다. 경쟁하듯 산을 다니고 걷는 것을 싫어하는 편이라 어디든 쉬기 좋은 장소가 나오면 꼭 앉아 쉬어가

며 느긋이 걷는 편이다. 가끔 드러누워 낮잠을 자기도 한다. 산 위, 좋은 공기 퐁퐁 뿜어내는 나무 밑에 누워 포근한 햇볕과 살랑살랑 바람 맞으며 자는 단잠이 꿀맛임을 아는 이는 나처럼 느긋이 산을 즐기는 사람일 것이다.

  내가 사는 곳에서 가장 가까운 산이 관악산인데, 이곳에 가면 내가 꼭 앉아 쉬는 지점이 두세 군데 있다. 겨울에는 잠시나마 보온병의 따듯한 차 한 잔을 마시며 쉬고, 더운 여름이면 땀을 식힐 겸 사과 한 입 베어 물면 그게 그렇게 좋을 수가 없다. 좋은 공기에 여유까지 공짜로 얻어 가니 이보다 좋은 운동이 어디 있을까 싶다.

  함께 길을 걷는 친구는 네팔의 그 큰 산은 걸었어도 한국의 겨울 산은 처음이라고 한다. "느낌이 어때?"라고 물으니, 여행을 다니면 다닐수록 한국이 더 그립고 좋아진다고 말한다. 네팔 트레킹 때 만난 산과는 그 느낌이 사뭇 다르다는 것이다. 네팔의 산에는 웅장함이 있지만 우리 산에는 아기자기한 아름다움이 있다고. 이 말에 나 또한 전적으로 공감한다. 뚜렷한 사계절 구분에 철마다 색다른 모습을 드러내는 산은 우리나라뿐이라고, 이렇게 작은 땅에 이렇게 많은 산을 가진 것도 우리나라뿐이라고······. 더 큰 산을 가 걸을수록 우리의 작은 산들이 더 사무치게 그리워지곤 했다.

눈 덮인 임도를 편히 걸으며 길동무와 이런저런 얘기를 하다 보니 금세 구간 날머리인 명주군왕릉에 닿는다. 명주군왕릉은 강릉 김씨의 시조이자 태종무열왕의 6대손인 김주원의 묘와 사당이 있는 곳이다. 신라 왕권 다툼에서 밀린 김주원이 지금의 강릉으로 몸을 피했다고 하는데, 홍수로 알천이 넘쳐 경주로 들어가지 못해 왕이 되지 못했다는 이야기가 전해져 내려온다. 그렇게 강릉에 자리를 잡은 김주원이 강릉 김씨의 효시가 된 것이다. 또한 이곳은 바우길 3, 4, 10구간의 기착점인 갈림길이다. 왕릉은 한가했다. 주말이라 왕릉이나 바우길 여행자가 있으리라 예상했는데 눈 쌓인 길 때문인지 겨우 두 명의 등산객을 마주친 것이 전부였다.

명주군왕릉 의자에 앉아 등 뒤로 햇살을 받으며 점심을 먹었다. 게스트하우스에서 싸온 주먹밥과 식당 아주머니께서 챙겨주신 무말랭이무침이었다. 열심히 걸었으니 밥맛도 꿀맛이었다. 주먹밥을 먹으며 쉬고 있는데 강릉의 지인으로부터 전화 한 통이 걸려왔다. 지나

는 길이라며 잠시 들르겠다고 한다. 걷는 중 만나는 지인이라 당연히 반가운 전화였다. 작년 겨울에 만나고 얼굴을 못 봤으니 더더욱 반갑다. 십 분 정도를 기다리니 차 한 대가 왕릉 주차장으로 들어섰다. 멀리 차에서 내리는 친구의 얼굴이 보여 뛰어가 반겼다. 고맙게도 친구는 직접 내린 뜨거운 커피와 함께 정성스레 깎은 사과와 감을 건네주었다. 추운 날 걷자니 따뜻한 차 한 잔이 얼마나 절실한지 모른다. 게다가 걸으며 피곤했을 나를 위해 설탕을 살짝 타 달착지근하게 커피를 내려온 마음이 참 고맙다. 든든한 점심에 근사한 후식까지 먹었으니 이보다 더 행복한 일이 있을까. 참으로 고마운 인연이다.

처음 여행을 다니기 시작했을 때는 새로운 곳에 대한 동경이 한없이 컸다. 멋진 풍경, 색다른 볼거리들을 찾아 가이드북을 들고 여행을 즐겼다. 한 번 다녀온 곳을 다시 찾기보다는 늘 새로운 곳을 찾아다녔다. 그러다가 여행이 일상의 한 부분처럼 자리 잡기 시작하면서 새로운 곳에 대한 동경보다는 좋은 사람이 있거나 익숙하고 편안한 곳에 대한 갈망이 커지기 시작했다.

　내가 마음의 고향이라 여기는 네팔도 그러했다. 네팔을 다섯 번째 찾으면서 같은 숙소에 머물고 같은 거리를 걸으며, 낯섦보다는 편안함이 주는 아늑함과 정겨운 사람들이 주는 온기가 좋았다. 그 이유로 나는 자꾸만 네팔을 찾고 있다.

　국내 여행도 마찬가지였다. 새로운 풍경을 보기 위해 길을 나서기보다는 그곳에 사는 지인을 만나러 길을 떠나는 경우가 다반사였다. 순천, 제주, 부산, 강릉, 광주, 경주 등 내게 여행은 사람을 만나러 가는 길이었다. 아름다운 길을 걷다가 반가운 인연을 만나는 것만큼이나 따듯한 여행길이 또 있을까.

　걷는다는 것은 참으로 능동적이며 매력적인 행위가 아닐 수 없다. 차를 타고 휙휙 지나치는 여행은 눈만 즐겁지만 똑같은 장소라도 두 발로 걷는 여행은 온몸으로 오감이 만족하게 되는 것이다. 목덜미에 불어오는 시원한 바람을 맞으면서, 발밑으로 만져지는 부드러운 흙의 감촉을 느끼면서, 길 양옆으로 피어난 이름 모를 풀꽃들의 향기를 맡으면서, 바다의 시원한 파도 소리를 듣고 가늠할 수 없는 광대함을 보면서, 걷다가 잠시 꿀맛 같은 휴식을 맛보면서……. 걷기 여행이야말로 바로 오감이 충족되는 감성 여행인 것이다.

　내가 본격적으로 이곳저곳을 걷기 시작한 것은 2007년이었다. 걷게 되면서 변한 것이 있다면 몸과 마음의 상태를 꼽을 수 있는데, 회사에 다닐 때 나의 정신적인 상태는 극도로 예민하기 그지없었다. 엄마 말씀에 의하면, 그 시절 나의 웃는 모습을 집에서는 전혀 볼 수 없었다고 할 정도이니……. 항상 예민했고 이것저것 신경 쓸 일도 많은

데다 스트레스를 받아들이는 감도도 남들보다 높았다. 만병의 근원이라 여기는 스트레스가 그렇게 쌓이다 보니 속병이 날 수밖에 없었다. 신경성 위염과 장염, 만성 두통이 그 결과물이었다.

  회사를 그만두고, 외국 걷기 여행과 더불어 집에서도 일주일에 두 번 정도는 인근의 산을 찾아 꾸준히 걷기 시작했다. 그 결과는 놀라웠다. 우선, 예민했던 성격이 수더분하게 누그러졌다. 매사 민감하게 반응했던 스트레스 감도도 낮아져 잘 웃고, 잠도 잘 자게 되었다. 그러니 자연히 위염이나 두통 따위도 사라져 몸 상태가 가벼워졌다.

  참 신기하고도 묘한 일이다. 그냥 단지 걷는 것뿐인데 그간 갖게 된 미움, 원망, 슬픔, 연민 같은 것이 다 부질없이 사라지고 마음이 무의 상태로 돌아가는 것이다. 최소한 걷는 동안만이라도 마음에는 '평화'라는 단어가 들어차게 되는 것이다. 흙과 자연이 주는 위로는 실로 엄청나게 깊었다. 평소에는 바빠서, 너무 시끄러워서 보이지 않고 들리지 않던 것들이 마음에 와 닿는다. 걷는 일이라 가능한 것이다. 직접 얻고 톡톡히 체험한 효과이니 주변 지인들에게도 걷기 예찬론을 펼치고는 한다. 또 가까운 지인들에게 선물이라도 할 일이 생기면 꼭 등산화나 트레킹화를 건네면서 같이 걷자고 유쾌한 꼬드김을 던지고는 했다.

온통 눈으로 덮인 그 길이 좋아 눈길 위에
벌렁 누워 하늘을 올려다봤다.
잎길 사이로 파란 하늘이 가득하다.
시원하고 또 시원하다.

걷기가 생활화되면서 일상생활에서도 버릇처럼 걷게 되었다. 버스 한두 정류장 정도는 가볍게 걷고, 일부러 계단을 이용하기도 한다. 일부러라도 걷지 않으면 도통 걸을 일이 없는 현대인의 생활 환경이 병을 부르고 있는지도 모를 일이다. 나는 이렇듯 온몸으로 걷기 효과를 보고 있다. 그것도 돈 한 푼 들이지 않고 말이다.

3구간의 여정을 마무리하는 순간이었다. 날씨가 조금 따듯했더라면 더 많이 쉬고 느긋하게 걸었을 텐데 바람이 차니 오래 쉬지를 못한다. 등 뒤로 햇볕은 따스하지만 바람이라도 불어오면 귀와 볼이 아직은 시리다. 처음 3구간 시작하면서 길을 헤맨 시간을 빼고 눈 덮인 금강소나무 숲길을 걷고 이곳까지 오는 데 네 시간 정도가 걸렸다. 느리지도 빠르지도 않은 걸음이다.

3구간의 끝 명주군왕릉에서 바우길 지도를 펼쳤다. 사천 둑방길을 따라 사천진 바다로 나가는 길이 4구간이었다. 아직 시간이 일러 계속 4구간으로 향할까 말까 잠시 망설였다. 다리나 몸 상태도 괜찮은 편이라 멈추기엔 조금 아쉬운 감이 있었다. 4구간은 17킬로미터 거리로 다른 구간에 비해 좀 더 길지만 산보다는 마을을 통과하는 평평한 길이다. 같이 걷는 친구와 상의하여 한 구간 더 걷기로 마음먹는다. 신발끈을 다시 조이고, 배낭을 다시 짊어지며 오늘의 새 걸음처럼 길을 나선다. 자, 이제 바다를 만나러 갈 시간이다.

참 신기하고도 묘한 일이다.
그냥 단지 걷는 것뿐인데 그간 갖게 된
미움, 원망, 슬픔, 연민 같은 것이
다 부질없이 사라지고
마음이 무의 상태로 돌아가는 것이다.
최소한 걷는 동안만이라도
마음에는 '평화'라는 단어가
들어차게 되는 것이다.

4구간
사천 둑방길

거리 약 17km　**시간** 약 6시간
코스 명주군왕릉-임도-해살이마을-사천 둑방길-사천 한과마을-석교리-운양초교-허균 시비-사천 해변공원
교통 자가용 **서울** 영동고속도로→횡계IC-출구에서 우회전-삼거리 좌회전-옛 영동고속도로-대관령휴게소(하행)-강릉 방향-보광리 좌회전-보광교-명주군왕릉 주차장
강릉·속초·삼척 금산IC-옛 영동고속도로-보광리(보현사) 방향 좌회전-삼거리 좌회전-명주군왕릉 주차장
대중교통 시내버스 강릉→보광리 502번 06:00, 07:10, 09:05, 11:05, 13:05, 15:10, 17:10, 19:07, 21:10(공휴일 막차 운행 없음), 강릉↔사천항 227, 227-1, 228, 312, 313번 수시 운행
택시 강릉터미널→명주군왕릉(약 2만 원)

사천 둑방길 코스 지도

걷기, 걷기, 걷기
그리고 다시 착해지기

명주군왕릉에서 맛있는 점심을 마치고 오후 한 시 반, 다시 4구간 들머리로 가기 위해 3, 4, 10구간의 갈림길로 향했다. 점심을 먹어서인지 배는 부르지만 발걸음이 조금 무겁다. 4구간은 명주군왕릉에서 시작해 해살이마을, 사천진 둑방을 거쳐 모래내 한과마을과 석교리를 지나 사천진 바다로 이어지는 길이다.

길은 다시 눈 덮인 임도로 끝도 없이 이어지고 있었다. 그나마 눈길이라 길 걷는 재미라도 있지, 한여름의 무더운 임도라면 조금 지루하지 않을까 생각해본다. 길도 넓고 눈길을 뽀드득뽀드득 밟으며 길동무와 함께 이런저런 이야기를 나누니 지루한지도 모르겠다.

어쩐 일인지 이 길에서는 한두 명 마주쳤던 여행객조차 만날 수가 없다. 그러고 보니 오늘은 3구간에서의 등산객 두 명 말고는 사람 구경하기가 어렵다. 서울 성곽길에는 사람이 넘쳐나고 제주 올레길에서도 심심치 않게 올레꾼을 만나는데 이곳 바우길에서는 사람 구경하기가 쉽지 않다. 겨울의 산이라 그런가 보다. 그래도 이 길 위에서는 수많은 소나무 가지가 손 뻗어 있어 든든한 길벗이 되어주는 듯했다.

4구간 사천 둑방길

    살면서 이렇게 많은 소나무를 마주하기는 처음 같다.
    이 도로는 대관령휴게소에서 강릉 방향으로 내려가다 좌회전해 들어오는 끝 부분이다. 동쪽으로는 저 멀리 동해고속도로이고 그 뒤로 바다가 있을 것이다. 바우길 화살표는 길 건너 왼쪽으로 이어지고 있었다. 한적한 도로를 건너 화살표를 따르니 오른쪽 소나무 숲에 집이 있다. 해살이마당이다. 소나무 숲에 집 몇 채를 지어놓고 마을 사람들이 휴양지처럼 이용하는 곳이다. 한적한 소나무 숲에 집이라니 서울에 사는 나로서는 연신 부러울 수밖에 없다.
    길은 해살이마당을 지나 해살이마을로 접어들었다. 낮은 돌담에 정겨운 시골집들이 옹기종기 모여 아름다운 농촌을 이루고 있었다.

연기 폴폴 피어나는 연통도, 낯선 이방인을 보고 컹컹 짖어대는 강아지들도 모두가 어쩐지 정겹기만 하다. 집집마다 집 앞에는 무와 감자를 심는 밭이 즐비하고 돌담을 따라 늘어선 가시 피어난 개두릅나무(엄나무)도 넘쳐난다. 참 풍요로운 마을이 아닌가 싶다. 봄에는 개두릅 축제가 열리고 마을 전통 풍습을 체험할 수 있는 시설도 있다고 하니 아이들과 함께 와도 좋겠다. 지난봄 아이들과 이곳 해살이마을에서 농가 민박을 했는데 도시 생활에 익숙한 아이들에게는 특별한 경험이 되었다.

이제 길은 하천 둑방길로 이어진다. 강원도 하면 산골, 동해, 싱싱한 생선 같은 풍경이 우선 떠오르지만 강원도에 논이 있다고 하면 보통 고개를 갸우뚱하게 될 것이다. 그런데 이곳에 논이 있다. 아마도 물을 대기가 수월하고 꽤 넓은 평야가 펼쳐진 까닭일 터. 지금은 한겨울이라 심어놓은 벼가 없지만 가을에 이곳을 걸으면 참 좋겠다는 생각이 든다. 하천을 따라 흐르는 물과 노란 벼의 물결까지……. 가을에 다시 이 길을 걸어봐야겠다. 한겨울이라 하천의 물은 꽁꽁 얼었고 그 양도 적다.

지난 늦봄 아이들과 이 길을 걸었다. 아이들과 여행을 하면서 한 가지 규칙이 있었다. 책이나 여럿이 함께할 수 있는 공동체 놀이기구를 제외하고는 일체의 전자기기를 여행 기간 중 가져오지도, 사용하지도 않는 것이다. 늘 스마트 휴대전화와 컴퓨터 게임, TV를 달고 사는 요즘의 아이들이라 불평불만이 이만저만 아니지만 시간이 지날수록 여행에 집중하면서 아이들도 크게 달라진다. 우선 자연으로 여행을 온 것만으로도 아이들은 그 속에서 치유를 받는다. 마음껏 에너지를 쏟고 체력을 발산하면서 자신의 몸에 대해 알아간다. 길가에 핀 꽃들에 관심을 보이고 잠자리나 여치처럼 길에서 만나는 곤충에도 반가워한다. 이뿐만이 아니라 전자기기가 없어도 자연 속에 놀잇거리가 얼마나 많은지 모른다. 이곳에서 우리는 길옆에 핀 애기똥풀을 한 송이씩 꺾어 그 줄기에서 나오는 노란 물로 손톱을 물들이기도 하고, 하천에 누가 돌을 멀리 던지나 시합도 한다. 또 누가 물수제비를 많이 뜨는지 응원도 하고 마음껏 목청 높여 소리도 지른다. 모두 자연에서 거저 얻는 놀이다. 어른이 된 나조차도 이렇게 아이들과 자연 속에서 어우러지다 보면 어쩐지 온순하고 착해지는 느낌이 든다. 더 많은 아이가 더 많은 자연을 만나 치유하고 맑아졌으면 좋겠다.

길은 하천을 건너 사기막 한과마을로 이어진다. 집집마다 한과 간판이 걸려 있다. 이곳에서 만들어지는 한과는 전국에서도 그 맛을 인정받고 있다. 나도 이곳 한과를 선물로 받은 적이 있는데 아주 맛있어서 하루에 두세 개씩 꼬박꼬박 챙겨 먹었던 기억이 난다. 날마다 그렇게 먹으면서 바닥을 드러내는 건 또 왜 그리도 아쉽던지……. 길을 걸으며 간식으로 먹을까 하여 한과 간판을 건 집들을 유심히 살펴봤지만 설 연휴가 끝난 탓인지 문이 굳게 닫혀 있고 그 집을 지키는 개들만이 멍멍 짖어댄다.

집과 집 사이로 난 좁은 길을 따라 걸으니 참 정겹다. 지금까지의 바우길 구간과는 그 느낌이 사뭇 다르다. 사실 앞서 걸었던 어떤 구간도 길의 특징이 크게 겹치지는 않았다. 1구간은 백두대간의 시원스러움을 찬바람 맞으며 온몸으로 보았고, 2구간 대관령 옛길에서는 눈 덮인 소나무 숲길을 내려오면서 그 옛날 신사임당과 김홍도를 마

음으로 만났다. 3구간에서는 백두대간 능선을 배경 삼아 아기자기한 산길을 끊임없이 오르내리며 눈과 산을 만났다. 그리고 이제는 둑방길을 따라 마을과 마을 사이를 걷는 4구간이다. 어쩜 이렇게 길마다 색깔이 다른지 참 감탄스럽다. 길을 찾아내고 잇는 바우길 관련 담당자들의 수고가 한눈에 느껴진다. 그리고 이런 길을 걸을 수 있게 애써준 그 마음이 참 고맙다.

제주 올레길이 유행하면서 국내에 걷기 열풍이 불었다. 제주 올레길, 지리산 둘레길, 강릉 바우길뿐 아니라 전국에 걷기 여행을 위한 길이 우후죽순 생겨났다. 우리 자연과 역사를 찾아내는 길이고, 사람들이 그 길을 걸으니 반가운 일이지만 마음 한편 걱정도 앞선다.

이렇게 좋은 길을 내는 담당자들과 걷는 여행자들이 지켜야 할 약속이 있다. 길을 만들 때는 있던 자연을 훼손하면서까지 일부러 길을 내지 않았으면 좋겠다. 인간의 편의 때문에 오랜 시간 이어온 길이

훼손되고 나무가 잘려나가는 것은 슬픈 일이다. 또 걷는 사람들은 그저 정해진 길만 걸었으면 한다. 정해진 길 외에 다른 길을 만들지 말고, 자기가 만든 쓰레기는 무조건 자기가 챙겨야 한다. 요즘 들리기에는 제주 올레길이 쓰레기 때문에 몸살을 앓고 있다고 하니 길을 걷는 그 마음만큼이나 길을 지킬 줄 아는 마음도 앞서야겠다는 생각이 든다. 그뿐 아니라 주로 시골 논밭길이다 보니 여름, 가을에는 걷는 사람들이 이런저런 농산물까지 가져가는 일도 있다고 한다. 이건 명백한 도둑질인데 주인이 안 보인다는 이유로, 길가에 있다는 이유만으로 일부 사람들이 손을 뻗는다는 것이다. 땀 흘려 애쓴 농부의 마음을 생각한다면 절대로 해서는 안 될 행동이다. 걷는 그 마음만큼이나, 자연에서 받는 그 기운만큼이나 길을 아낄 줄 아는 마음이 필요한 대목이다.

  길은 한과마을을 벗어나 산길로 향하고 있었다. 다섯 시간 넘게 걸으니 배낭이 슬슬 무거워지기 시작한다. 배낭을 가볍게 꾸린다고 꾸렸는데도 어깨가 아프고 버겁다. 배낭 꾸리기는 사실 개인마다 취향이 달라 정답이라는 것이 없다. 나는 무게와 사용 빈도를 가장 중요시하여 배낭을 꾸린다. 그러나 사람마다 절대 양보할 수 없는 아이템 하나쯤은 있겠으니 그게 또 천차만별이다. 나는 남들은 무겁다고 절레절레 손사래를 칠지 모르지만 얇은 시집이나 재생용지로 된 가벼운 책 한 권은 필수로 챙긴다. 또 밝은 빛에는 쉬이 잠들지 못하는 성격이라 게스트하우스처럼 여러 사람이 함께 쓰는 숙소를 이용할 때는 수면용 안대를 반드시 챙긴다. 옷은 걸을 때 입을 옷과 여분의 옷을 두고 걸을 때와 잘 때 번갈아가며 입고, 양말도 최대 세 켤레를 넘기지 않는다. 목욕용품도 간소화해 샴푸와 비누로 씻고, 빨래도 샴푸나 비누로 해결한다. 여자들이 피부 미용에 신경 쓰며 깐깐하게 챙기는 화장품도 나에게는 스킨로션 하나면 족하다. 이렇게 챙겨도 어김없이 시간이 갈수록 배낭이 무겁게 느껴져 하나라도 덜어내고 싶은 심정이 될 것이다.

　남극에 갔을 때였다. 남극에서는 온통 얼음과 눈 천지라서 신발보다 스키를 신고 걷는 것이 체력 소모를 줄여 효율성이 더욱 높다. 그래서 남극점을 향해 11일간 걸을 때는 썰매를 뒤에 매달고 스키를 신고 걸었다. 크로스컨트리 스키라 신발을 신고 땅 위를 걷는 것과 별반 다르지 않다. 이때 썰매에는 내 침낭과 옷가지, 식량, 텐트 등 남극 캠핑 생활에 필요한 것이 담기는데 남극점을 향하는 동안 나 혼자 끌어야 하므로 짐 싸기는 대단히 중요한 일 중 하나였다. 이미 한국에서 몇몇 산을 다녔던 터라 짐 싸기 경험이 어느 정도는 있었다. 꼭 필요한 것을 꼭 필요한 만큼만 가벼운 것 위주로 짐을 꾸렸다. 비상시에 먹을 라면도 봉지는 다 뜯어 알맹이만 싸고, 반찬도 가벼운 김과 멸치 등 마른반찬으로만 골랐다. 수저도 알루미늄 소재가 아닌 가벼운 플라스틱으로 골랐다. 속옷과 양말도 꼭 필요한 최소 분량으로 싸고 일기를 쓸 가벼운 노트 한 권과 재생지로 된 얇은 영어 소설책 한 권만을 꾸렸다. 내가 짊어지고 갈 짐의 무게였기에 그 무엇보다도 중요한 문제였다.
　내가 여행할 때는 한 명의 한국인이 그곳을 함께 갔는데 그는 짐 싸기에 실패했다. 쓰지도 않을 오래된 GPS를 챙기고, 무거우니 빼는

게 좋을 것 같다고 한 여러 권의 책을 실었고, 잘 입지 않을 무거운 운동복까지 썰매에 죄다 실었다. 그러고는 첫날 딱 하루 걷더니 그 짐 중에서 일부를 남극 땅에 버리고 걸었다. 생존을 위한 처절한 선택이었는데 조금만 신경 써서 준비했더라면 생기지 않을 문제였다. 버려진 그의 짐은 그 무엇도 녹지 않을 차가운 남극의 얼음 대륙에서 영원히 쓰레기가 되어 얼어버렸을 것이다. 오죽했으면 그렇게까지 하면서 짐을 버렸을까 싶기도 하다.

 이처럼 걷기 여행에서 배낭을 꾸리는 일은 매우 중요하다. 그렇게 생각에 생각을 거듭해 싼 배낭을 메고 걷다 보면, '사람이 사는 데 필요한 짐이 그렇게 많지 않다'는 생각이 든다. 옷가지 몇 벌, 속옷과 양말, 먹고 마실 간식과 물 정도? 사는 데 필요한 게 이렇게 몇 가지 안 되는데 무얼 그렇게 가지려고 아등바등 살았을까 싶어 피식 웃음이 절로 난다. 걸을 때는 이렇게 한없이 착해지는데 걷기만 끝나면 왜 다시 사악해지는 걸까? 그래서 나는 되도록이면 많이 걷고 싶어진다. 날마다 걸으면 조금은 착해지지 않을까 싶어서.

 한과마을에서 벗어난 길은 산 깊숙이 이어졌다. 양옆으로 묘지가 있어 조금 으스스한 기분이 들었다. 늦은 시간에 혼자 걸었더라면 무서워 줄행랑쳤을 길이다. 서서히 발바닥과 새끼발가락에 아픔이 찌릿찌릿 전해온다. 오늘 많이 걸은 탓인지 물집이 잡힐 것 같은 불길한 예감이 퍼뜩 든다. 불길한 예감은 항상 적중하는 법이다. 오늘의 종착점인 바다는 아직 보일 기미도 없는데…….

 힘들 때는 먹는 얘기를 하며 걷는 게 최고다. 이제 종착점도 얼마

남지 않았으니 말이다. 단, 과자 간식 말고 제대로 된 음식! 오늘의 종착점인 사천진 해변에 가면 꼭 맛보아야 할 명물이 있다. 바로 사천진 물회! 지난여름 이곳에서 정말 맛있게 먹었던 기억이 있다. 얇게 저민 전복과 소라, 오징어와 각종 해물을 고추장 양념 국물에 시원하게 말아 먹으면 그 맛이 일품이다. 겨울이라 춥지 않을까 염려하지 않아도 된다. 열심히 걷다 보면 시원한 물회 한 그릇이 사무치게 그리울 테니까. 오늘의 저녁 메뉴는 사천진 물회로 결정!

사천진 물회를 생각하며 걸으니 없던 힘이 솟아나는 느낌이다. 좁다란 오솔길을 따라가다 판교마을의 운양초교를 지난다. 집집마다 사람은 없고 개들이 꼬리를 치며 반겨준다. 운양초교를 지나고 작은 마을을 지나면 길은 다시 나지막한 산으로 이어진다. 바다는 어디쯤 있을까. 저 산을 돌아서면 바다가 보일까. 허균 시비를 지나 내리막 길을 벗어나니 큰 도로를 만난다. 7번 국도이다.

7번 국도를 만나니 김연수 작가의 소설 〈7번 국도〉가 떠오른다. 내가 참 좋아하고 존경하는 작가 중 한 명이다. 같은 대학을 나왔지만 그저 동경하는 작가일 뿐 그를 선배님이라고 부를 만큼의 안면조차 없다. 나는 그의 글을 참 좋아하는데, 이 책은 김연수 작가의 초기 작품으로 희망을 찾으려는 젊은이들의 몸부림을 그린 소설이었다. 적어도 내가 읽기에는 그랬다.

비틀스의 희귀 앨범 〈Route 7〉의 거래를 위해 만난 '나'와 '재현'. 두 남자는 역시 〈Route 7〉이 인연이 되어 만난 세희를 동시에 사랑하게 된다. 한 여자를 사랑하게 된 주인공인 '나'와 그의 친구인 '재현'이 여름 내내 맥주를 마시고 수십 마리의 '말린 바다 생물'을 씹어 먹으며 싸운 뒤에 7번 국도로 자전거 여행을 떠난 이야기이다. 이십대의 기나긴 터널을 한참 내달리고 있는 두 남자와 한 여자의 이야기. 청춘이란 한자리에 고정되어 있지 않고 사랑 역시 그 자리에만 존재하지 않음을 알게 해준 여행. 젊은 날 뜨겁게 달구던 수많은 욕망도 부질없음을, 그리하여 다시 현실로 되돌아옴을 보여주는 소설이다. 처음 이 소설을 읽었던 대학 시절, 나도 언젠가 그 길을 따라 여행을 하리라 마음먹었다. 지금은 차가 쌩쌩 달리는 도로라 소설 속 그들처럼 자전거 여행은 못하더라도 꼭 한번 경험하고 싶었고, 그 소망은 자동차 여행으로 실현했다.

부산에서 시작해 동해안을 따라 함경도로 이어지는 600킬로미터가 훌쩍 넘는 길. 북쪽으로 막힌 길을 빼면 부산에서 시작해 영덕, 삼척, 강릉, 속초를 거쳐 고성까지 이어지는 길이다. 걷기 여행을 시작하면서 언젠가는 꼭 두 발로 걸으리라 다짐한 길 중 한 곳이었는데 얼마 전 보니 해파랑길이라는 이름으로 걷기 여행을 위한 길을 조성하고 있다는 반가운 소식이다. 바우길을 다 걷고 다시 새롭게 걸어보고 싶은 길이다.

7번 국도 지하보도를 지나 작은 마을의 좁은 골목길을 빠져나가니 드디어 오늘의 목적지인 사천진 해변에 다다른다. 드디어 오늘의 걷기가 끝나는 고되고도 뿌듯한 순간이다. 힘들었던 하루 탓이었는지 기다리고 기다리던 바다를 보니 울컥 두 눈이 뜨거워졌다. 고생하고 애썼다며 길동무와 서로서로 다독임을 주고받는다.

경포와 주문진 사이에 있는 사천진 해변은 두 해변의 유명세에 가려 다른 해변보다 조용한 편이지만 머물고 지내기에는 부족함이 없어 보인다. 백사장 길이 500미터에 폭 50미터로 아담하지만, 모래가 곱고 경사가 완만해 바다를 즐기기엔 더할 나위 없이 좋고 주변에 식당과 숙소가 들어서 있어 여행을 즐기기엔 안성맞춤이다. 바우길 4구간을 걷는 여행자들도 이곳에서 머물 수 있다.

해가 뉘엿뉘엿 넘어가고 있고, 쏴아 하는 파도 소리만 인적 드문 겨울 바다의 존재를 알렸다. 참 오랜만에 만나는 바다였다. 몇몇 젊은 친구들이 바닷가에서 놀고 있을 뿐 바다는 조용했다. 내가 가장 좋아하는 동해는 겨울이다. 겨울 바다가 가진 짙은 푸른색과 한적함 때문이다. 휴, 숨 한번 크게 내쉬고 시원한 겨울 바다의 찬바람과 파도 앞에 두 팔 벌려 가슴을 쫙 편다. 아, 시원하다! 산길을, 논길을 걷다가 만난 바다가 이토록 반가울 수 없다.

자, 약속대로 오늘의 저녁은 사천진 물회! 열심히 걸은 탓인지 꼬르륵꼬르륵 뱃속이 난리다. 몇 분의 기다림 끝에 먹는 물회는 꿀맛이었다. 차가운 날씨에 온종일 걸었던 뒤라 차가운 음식까지 속으로 들어가다가 행여 체하지는 않을까 천천히 꼭꼭 씹어 삼켰다. 물회를 먹을 때마다 느끼는 일이지만 온갖 해산물을 생으로 만나니 바다를 통째로 맛보는 기분이다.

이제 다시 오늘의 숙소 바우길게스트하우스로 돌아가야 한다. 돌아가는 길에 잠시 성산에 들러 지인들을 만나기로 했다. 강릉전통주

　연구회 회원들이 새 막걸리를 내렸다고 와서 맛을 보라는 초대 덕분이다. 외지 손님들을 초대해주니 반가운 마음에 성산으로 급히 향했다. 다리는 천근만근이고 온종일 두 구간을 걷느라 피곤했지만 반가운 얼굴들을 보니 다시 생기가 돋는다. 지난가을 햅쌀로 담가 내렸다는 막걸리 맛은 어디서도 맛볼 수 없는 진한 맛과 풍미를 가지고 있었다. 유산균이 생겨서인지 막걸리에서 요구르트 맛이 난다. 맛이 좋아 몇 잔을 홀짝홀짝 마셨더니 노곤한 몸에 알싸하게 술기운이 퍼져 기분이 좋았다. 좋은 풍경 속에서 건강하게 걷고, 좋은 사람들과 함께하는 자리이니 참으로 반갑다.

　술도 맛나고 사람들도 좋아 오래 자리를 지키고 싶었지만, 온종일 고생한 두 다리도 쉬어야 하고, 내일 아침 걸을 생각에 아쉬움을 뒤로하고 바우길게스트하우스로 향했다. 숙소로 들어가는 길목에 하늘을 올려다보았다. '억수로' 많은 별이 겨울밤을 환하게 비추고 있었다.

먼저 와 잠을 자고 있는 학생과 바우길을 걸은 산악회 여자 한 명이 오늘의 숙소 친구였다. 방 친구끼리 이런저런 얘기도 하면 좋을 텐데 먼저 온 학생은 피곤했는지 이미 잠을 자고 있었고, 산악회 여자는 동호회 멤버들과 다른 방에 있었다.

나와 친구는 좁은 방이 답답해 창이 이곳저곳 나 있는 거실에서 이불을 깔고 자기로 했다. 뜨거운 물에 몸을 녹이고 근육을 풀어주는 스트레칭 후 잠자리에 누웠다. 온몸의 근육이 스르르 풀리는 기분이었다. 걷기 후에 찾아오는 이 노곤한 피로가 이상하게도 뿌듯했다.

오늘 두 구간을 걸으며 깨달은 것이 있다. 나의 걷기 속도를 넘어섰다는 것이다. 원래 나는 걷는 여행을 경주하듯 목표의식을 갖고 걷지 않았다. 걷다가 좋은 곳이 나타나면 서슴없이 멈춰 쉬었고, 자고 싶은 집이 나오면 잠을 자고 가기도 했다. 그랬던 나였는데 평일이 아닌 주말 한정된 시간에 와 걸으니 자꾸만 나도 모르게 욕심을 부리나 싶었다. 천천히 걸을수록 나를 많이 들여다보게 된다. 천천히 걸을수록 빠르게 지나치며 놓칠 수 있는 사소한 것들에서 많은 기쁨을 발견한다. 그걸 알고 있는 내가 잠시 나도 모르게 '빨리빨리' 병이 돋았나 보다. 겨울이라는 추운 계절 탓도 있었다. 빨리 걷는다고 누가 상을 주는 것도 아니고, 걷다가 못 걸으면 다음에 와 걸으면 될 것을……. 마음속으로 한 가지 다짐했다. 바우길에서는 앞으로 하루에 한 구간 이상 걷지 않기로. 최대한 천천히 걷고 느긋하게 즐기기로.

창밖으로 쏟아지는 무수한 별이 오늘 하루 고생했다고, 수고했다고 토닥여주는 밤이다. 옆자리 친구도 피곤했는지 쌔근쌔근 벌써 잠이 들었다. 스르르 눈이 감긴다. 또 하루만큼 걸었다.

처음 이 소설을 읽었던 대학 시절,
나도 언젠가 그 길을 따라 여행을 하리라
마음먹었다. 지금은 차가 쌩쌩 달리는
도로라 소설 속 그들처럼 자전거 여행은
못하더라도 꼭 한번 경험하고 싶었고,
그 소망은 자동차 여행으로 실현했다.

천천히 걸을수록 나를 많이 들여다보게 된다.
천천히 걸을수록 빠르게 지나치며 놓칠 수 있는
사소한 것들에서 많은 기쁨을 발견한다.
마음속으로 한 가지 다짐했다.
바우길에서는 앞으로 하루에 한 구간 이상 걷지 않기로,
최대한 천천히 걷고 느긋하게 즐기기로.

5구간
바다 호숫길

거리 약 17km 시간 약 6시간

코스 사천 해변공원–순포 해변 솔밭–사근진 인공 폭포–경포 해변–경포호–경포대–허균 · 허난설헌 유적지–강문–송정–강릉항–죽도봉–솔바람다리–남항진

교통 자가용 **서울** 영동고속도로–동해고속도로(양양 방향)–북강릉IC–우회전 7번 국도–사천항 방향–지하도–사천천변–사천항

속초 · 삼척 동해고속도로–북강릉IC–우회전 7번 국도–사천항 방향–지하도–사천천변–사천항

대중교통 **시내버스** 강릉↔사천항 227, 227-1, 228, 312, 313번 수시 운행

바다 호숫길 코스 지도

솔 향 솔솔, 소나무 숲 건너
만나는 새파란 바다

　지난 주말에 바우길 1~4, 10구간을 걸으면서 발뒤꿈치 아래쪽에 전기가 흐르듯 찌릿찌릿한 통증이 있어 서울에 올라가면 병원에 가 봐야지 싶었다. 휴일이 지나 병원을 찾으니 의사가 이곳저곳 발바닥을 누르고 돌린다. 특별히 발목을 삐끗하거나 다친 적이 없어서 왠지 이상했다. 석 달 전부터 운동 삼아 배드민턴 강습을 받고는 있지만 이렇게 통증을 느낄 만한 일이 없었으니 원인을 짐작할 수도 없었다. 배드민턴이야 그렇다 쳐도 바우길을 완주하자고 마음먹었는데 발이 아프니 덜컥 겁부터 났다.

　이곳저곳 살펴보던 의사가 족저근막염이라는, 듣도 보도 못한 병명을 주었다. 발뒤꿈치뼈와 발바닥 앞쪽 발가락까지를 잇는 여러 갈래의 섬유근으로 보행에 중요한 역할을 하는데, 여기에 염증이 생겼다는 것이다. 반복되는 미세한 손상 때문이란다. 아무래도 배드민턴을 너무 열심히 했던 모양이다. 꾸준한 물리치료와 약으로 회복된다고 하니 안심은 되지만 오래 걸어야 하는 나는 적잖이 걱정스럽다. 물리치료를 받으니 이건 눈물이 날 정도로 따갑고 아프다. 체외 충격

치료라고 하는데 정말 어른 체면 차리느라 소리를 못 질렀지, 내가 어린아이였다면 벌써 떼쓰고 소리 질러 울 만큼 아팠다. 염증이 없으면 하나도 안 아프다는데 눈물이 날 만큼 아픈 걸 보니 근육에 생긴 염증이 맞긴 맞나 보다.

물리치료를 받으니 상태가 한결 좋아졌다. 큰맘 먹고 트레킹화도 하나 샀다. 2007년부터 신던 트레킹화에 정이 붙어 쉽게 버리지 못하고 있었는데 지난여름 태국에서 고산족 트레킹을 마치고 '과감히' 기증을 하고 왔다. 오래 신은 탓에 너무 닳아 기증하기도 미안했다. 그 신발이 남극, 칠레, 아르헨티나, 네팔, 태국, 중국 등 여러 나라를 밟아온 국제적 신발이었다. 오래 신어 뒤축이 떨어져 A/S를 보냈더니 새 신발처럼 수리를 해줘서 또 열심히 신었다. 물건에 집착하는 성격이 아니라서 나에게 필요하지 않은 것은 여기저기 주고 책도 몇 년 단위로 도서관에 기증하곤 하는데 신발만은 쉽게 버려지지가 않는다. 그만큼 정이 들어서인지, 함께 고생한 걷기의 역사가 담겨 있어서인지, 신발을 버리는 건 참 버거운 일이었다. 그 신발을 지난 태국 여행 때 과감히 주고 온 것이다. 잘했지 싶다. 한국까지 가져왔으면 또 미련이 남아서 버리지 못하고 신었을 것이다. 새 신발도 샀고, 물리치료도 열심히 받고 있으니 바우길 걷는 데 지장은 없겠지 싶다. 절대 무리는 하지 말아야겠다.

　　이번 바우길 5, 6구간은 오랜 친구와 함께했다. 고등학교 시절에 만나 내가 참 좋아하고 마음이 많이 가는 친구다. 친구네 집은 분당이고 우리 집은 서울 구로라서 친구네 집에서 함께 자고 다음 날 첫 버스를 타기로 했다. 성남발 강릉행 일곱 시 반 첫차를 탔다. 새벽부터 일어나느라 부족했던 잠을 자고 눈을 뜨니 버스는 어느새 경기도를 벗어나 강릉에 다다르고 있었다. 산등성이마다 하얀 눈이 덮였다. 횡성에 가까워지니 손가락 굵기의 눈이 펑펑 쏟아지더니 차는 거북이처럼 느릿느릿 가다 서기를 반복했다. 일기예보에 눈이 온다는 얘기는 있었는데 이렇게 빨리 올 줄은 몰랐다. 이래서야 제대로 걸을 수 있을지 걱정이 앞섰다. 게다가 터미널에서 강릉 친구가 벌써부터 기다리고 있던 참이었다. 이런저런 걱정을 하며 창밖을 내다보는데 대관령터널 근처가 난리였다. 도로에는 이미 눈이 수북이 쌓였고 차들은 당황하여 속도를 내지 못했다. 내리막길인 우리 차선은 그나마 다행인데 반대쪽 대관령 오르막 차선은 차들이 제자리에서 헛바퀴만 휙휙 도는 상황까지 오고 말았다. 아찔한 순간이었다. 사고라도 날 것만 같은 큰 눈이었다. 대설주의보라더니 큰 눈의 여파를 톡톡히 치르고 있는 셈이었다. 다행히 덩치가 큰 버스는 조심조심 터미널에 다다랐다. 벌써 와 있던 친구가 반갑게 맞아주니 미안하고 고마웠다. 주말을 맞아 함께 걷자고 해주니 여간 반가운 게 아니었다. 나와 친구, 강릉의 지인 두 명과 함께 걷기로 했다. 좋은 길이니 좋은 사람들과 걸으면 더 맛나겠지 싶다. 마중 나온 친구의 차를 타고 지난 주말 걷기를 끝냈던 4구간 종착점 사천진 해변으로 향했다. 눈발이 생각보다 굵지 않아 걷는 데 큰 어려움은 없을 듯싶었다.

　5구간은 사천진 해변에서 시작해 순포, 순긋 해변을 거쳐 경포대, 경포호와 강문, 송정 해변을 지나 강릉항 솔바람다리에 이르는 바다호숫길이다. 이름처럼 바닷가와 경포호를 도는 '물의 길'이다. 1구간부터 4구간까지 산길을 거닐다 보니 바다가 얼마나 그리웠는지 모른

다. 산길도, 둑길도, 밭길도 모두 좋았지만, 어쩐지 겨울바람 실컷 맞으며, 파도 소리 들으며, 모래 밟으며, 바다 가까이 걷고 싶었다. 그래, 이제 바다다!

더군다나 오늘은 내가 좋아하는 사람들과 여럿이 걸으니 마음이 든든하다. 앞서서 씩씩하게 걷는 세 사람을 보니 내 마음이 더 흐뭇할 정도였다. 함께 걷는다는 건 이런 거구나, 그 뒷모습만 봐도 든든하고 함께 씩씩해지는 거구나 싶었다. 혼자 걷는 것이 내 안의 것들을 비워내고 가벼워지는 느낌이라면, 함께 걷는다는 것은 그들로부터 좋은 기운을 얻어 든든해지는 것이 아닐까.

주로 혼자 여행을 다니다 이렇게 여럿이 걸으니 또 색다르다. 혼자 여행을 다닐 때 가장 곤란해지는 순간은 숙소를 잡아 잠을 잘 때다. 하루 여행이나 걷기를 마치고 가장 힘든 저녁, 모텔에 들어가 정해준 방으로 혼자 들어가 불을 켤 때의 그 느낌! 정말이지 그 순간의 쓸쓸함은 눈물이 나올 만큼 서글프다. 그 서글픔이 싫어 혼자 오지 말아야지 했다가도 어느새 또다시 혼자 길을 나서게 되지만 말이다. 어딘가 모르게 음침한 그 분위기가 싫고, 어딜 가도 같은 치약, 수건, 비

누도 정말 쓰기 싫다. 외국이라면 게스트하우스를 찾아 이리저리 다닐 텐데 국내 여행을 할 때는 여행자를 위한 숙소가 흔하지도 않거니와 가장 손쉽게 찾을 수 있는 숙박지가 모텔이라 어쩔 수 없이 모텔에 짐을 푸는 경우가 더러 있다.

언젠가 여름에 혼자 남쪽 여행을 할 때였다. 전남 월출산을 넘어 보길도에 머물다가 대구로 건너갔다. 그때 팔공산에 오른 적이 있었다. 산에서 한참 길을 헤매다 내려오니 저녁 시간이 다 되어 시내로 나가지 못하고 산 앞에 있는 모텔을 찾아 들어갔다. 어두컴컴한 복도도 싫고, 음침한 방의 분위기도 께름칙하다. 더한 건 여자 혼자 자다 보니 밤이 그렇게 무서울 수가 없었다. TV를 켜놓고, 불을 켜도 잠이 쉽게 오질 않아 결국에는 뜬눈으로 밤을 지새웠다. '그렇게 무서우면 혼자서 가지 않으면 되지'라고 하는데 그게 또 말처럼 되지 않으니…….

한여름이라면 많은 사람으로 붐볐을 사천진인데 한적하다. 바닷가에도 사람이 없다. 눈까지 내리니 더 그럴 것이다. 사천진을 떠나 조금 걸으면 왼쪽에 공중화장실이 나오는데 그 이름을 보고 우리 모두 한바탕 웃었다. 생선 이름인 '양미리화장실'. 거기에다 친절하게도 커다란 모형의 양미리 한 마리가 화장실 지붕 위에 올려져 있었다. 해변을 따라 자리한 화장실마다 생선 이름을 지어도 재미있겠다 싶은 엉뚱한 상상을 해봤다. 고등어화장실, 놀래미화장실, 복어화장실…….

곧 해송 숲길이 이어졌다. 걷기 편하도록 보행로를 따로 만들어 놓았다. 여길 봐도, 저길 봐도 온통 소나무다. 이 길을 걷기 전에는 바다 호숫길의 주인은 당연히 바다일 거라 생각했는데 이 길을 걷다 보니 알게 됐다. 진짜 터줏대감은 바로 해송, 소나무 숲이란 사실을……. 딱 걷기 좋을 만큼 폭신한 흙길 주위로 빽빽하게 들어선 해송 숲이 걷는 여행자들을 편안하게 맞아준다. 바닷바람을 막으려 심어놓은 방풍림이 그 바닷바람에 쓸려 빼꼼히 마을 쪽으로 기우뚱 서 있다. 솔잎이 가득한 바닥에는 발목까지 올라오는 어린 소나무가 한들한들 바람에 흔들리고 있다. 이 녀석들이 커서 이렇게 큰 어른 해송이 되겠지 생각하니 또 바닷바람을 얼마나 맞아야 할까 싶어 조심조심 걷게 된다.

강릉 지인이 해준 이야기 중에 처음 듣는 것이 하나 있었다. 옛날에는 방풍나물이란 것이 있어 음식으로 먹었단다. 바닷가 방풍림과 함께 자라던 것인데, 허균의 기록에 의하면 이 나물을 먹으면 그 향이 족히 사흘 동안 입 안에 맴돌 정도로 진했다는 것이다. 지금은 연구 목적으로 따로 재배하고 있다고 한다. 한평생 바닷바람을 맞은 소나무도, 나물도 모두 바다를 품고 있는 모양이다.

함께 걷는다는 건 이런 거구나, 그 뒷모습만 봐도 든든하고 함께 씩씩해지는 거구나 싶었다.
혼자 걷는 것이 내 안의 것들을 비워내고 가벼워지는 느낌이라면,
함께 걷는다는 것은 그들로부터 좋은 기운을 얻어 든든해지는 것이 아닐까.

이 바닷길은 별다른 언덕이 없어서 가족 단위로 와 걸어도 좋겠다. 지금은 눈까지 내리는 한겨울이라 바닷물에 텀벙텀벙 발 담그며 쉬엄쉬엄 걷지는 못하지만, 봄여름에 시원하게 발도 적셔가며 걸으면 참 좋을 길이다. 여행객이 드문 겨울 바다 백사장에는 몇몇 젊은 여행자들이 떼를 지어 기념사진 촬영에 한창이다.

눈발이 점점 굵어진다. 목을 가리던 막이를 입까지 들어 올렸다. 다행히 바람이 뒤에서 불어와 눈이 얼굴을 때리지는 않는데 바람이 언제 어떻게 바뀔지 알 수 없는 노릇이었다.

눈을 맞으며 걷고 있으니 남극에서 걷던 때가 생각난다. 남위 89도에서 남위 90도인 남극점까지 11일을 걸었다. 내가 남극에 걷기 여행을 갔을 때는 남극의 여름이었지만 그래도 기온이 영하 20도를 밑돌았다. 그러니 피부라는 피부는 모두 꽁꽁 감춰야만 동상에서 안전할 수 있었다. 숨을 쉬면 입 주위로 마스크에 얼음이 새하얗게 붙을 정도로 그 추위가 상상을 초월했다. 생존 본능에 따라 하얀 눈 위에서 볼일을 보는 것도 2분을 넘겨서는 안 됐다. 우스운 얘기이지만 볼일을 보다가도 동상에 걸릴 수 있기 때문이다. 그렇게 조심하다가 남극점에 도착하기 이틀 전 사고가 터졌다.

보통 두꺼운 오리털 벙어리장갑 안에 두세 겹의 속장갑을 꼈는데 그날따라 텐트를 치는 손이 너무 둔해서 아주 잠시 겉의 벙어리장갑을 벗고 텐트를 쳤다. 정말 잠시였다. 그런데 텐트 안에 들어왔을 때 왼쪽 엄지손가락이 간질간질하더니 순식간에 검게 부어 땡땡해졌다. 원래보다 두세 배는 커져버렸다. 동상에 걸린 것이다. 순간 모든 것이 아찔했다. 동상에 걸려 손가락을 절단하는 무시무시한 장면까지

머릿속에 떠올라 몸을 덜덜 떨었다. 너무 놀라서 눈물도 안 나왔다. 탐험 가이드 말에 의하면 좀 더 상황을 두고 봐야 한단다. 앞으로 이틀이면 남극점에 도착하니 남극점 기지에서 치료도 받고, 탐험 여행도 무사히 마칠 수 있으리라는 희망이 그나마 다행이라면 다행이었다. 만일 초반에 얻은 동상이라면 남극점까지 걷는 건 벌써 물 건너 간 일. 다행히 남극점에서 치료를 받고 캠프사이트로 돌아가서 전문 의사에게 날마다 치료를 받은 덕분에 나의 동상은 엄지손가락 첫마디에서 멈췄다. 손가락 첫 번째 마디를 넘어서면 절단을 해야 한단다. 하늘에 감사할 만큼 다행이고도 아찔한 순간이었다. 겁도 없이 남극으로 향해 얻은 큰 경험이었다.

남극 여행을 마치고 한국으로 돌아가지 않고 칠레와 아르헨티나를 여행하면서도 나는 혼자 소독을 하고 약을 바르고 붕대를 갈았다. 그리고 지금은 흉터 하나 없이 깨끗하게 아물었다. 그런데 이상하게도 추운 겨울만 되면 동상 걸렸던 왼쪽 엄지손가락이 욱신욱신 쑤신다. 그때마다 남극의 걸음걸음이 생각난다. 새하얀 얼음도, 볼을 때리던 매서운 눈바람도……. 눈을 맞고 있으니 그날 남극의 순간들이 생생하게 떠오른다.

남극의 걸음을 떠올리며 걸으니 어느새 경포대에 다다랐다. 눈바람 부는 바닷가에서는 몇몇 관광 온 사람들이 겨울 바다를 배경으로 사진을 찍고 있었다. 우리는 가던 길에서 오른쪽으로 방향을 틀어 경포호를 걷기 시작했다. 마침 5구간 중간에 포인트처럼 경포호가 있다. 눈과 안개에 뒤덮인 경포호는 신비롭기까지 했다. 마치 새벽안개처럼 몽실몽실 호수 위로 피어오르는 뿌연 구름과 하늘에서 내리는 눈이 만났다. 바다가 막히면서 생긴 경포호는 말 그대로 소금호수다. 한때는 수질 오염으로 혼탁했다가 지금은 놀래미가 살 정도로 깨끗해졌다고 한다.

경포호로 접어드니 바람 불어오는 방향이 바뀌었다. 세찬 눈발은 바로 눈앞에서 마구마구 얼굴을 때려댔다. 4킬로미터에 이르는 경포호는 강릉 시민의 산책로로도 그만이다. 걷는 사람, 뛰는 사람, 자전거를 타는 사람……. 그 운동 방법도 다양했다. 그 뿐만 아니라 경포호 주위는 볼거리도 아주 쏠쏠하다. 호수를 따라 늘어선 다양한 모양의 〈홍길동전〉 조각상과 시판들로 지루할 틈이 없다. 길 건너에는 참소리박물관과 오죽헌이 있고, 조금만 더 걸으면 허난설헌 생가까지 있으니 볼거리의 집약지라 할 수 있다.

이른 아침부터 분당에서 강릉으로 내려와 걸었던 터라 슬슬 배가 고프기 시작했다. 바우길 11구간인 허난설헌 생가 앞 순두부집으로 가서 점심을 하기로 했다. 듣던 중 너무나도 반가운 점심 소식이다. 나는 '두부' 소리를 들으면 자다가도 벌떡 일어날 만큼 좋아한다. 막 나온 따끈한 두부부터 두부찌개, 두부전, 순두부찌개 등등 두부라면 정신을 못 차릴 정도로 나의 두부 사랑은 애틋했다. 그래서 강릉에 여행을 오면

초당순두부마을은 절대로 빼먹지 않고 들르게 된다.

오늘은 허난설헌 생가 앞에 있는 두부집으로 향했다. 지난 여행에서 몇 차례 들렀다가 항상 만석이라 발길을 돌렸던 곳이다. 얼마나 맛있으면 사람이 저리 많을까 싶어 궁금했다. 점심시간이 조금 지나 다행히 우리 네 명 앉을 자리가 있었다. 순두부전골을 시켰더니 김치와 함께 끓인 순두부가 나왔다. 배가 고파 허겁지겁 맛있게 먹었지만, 내 입맛에는 초당순두부마을의 하얀 순두부가 더 담백하고 깔끔했다. 뭐랄까, 고춧가루로 양념한 순두부전골은 어쩐지 서울 사람들 입맛에 맞추어 만들어진 음식 같았다. 하얀 순두부가 더 강원도스럽게 투박하다고나 할까.

배를 든든히 채우고 허난설헌 생가 앞 소나무 숲길을 걸었다. 이 길도 내가 좋아하는 길이다. 한여름에 이 길을 걷노라면 향긋한 솔

향이 내 몸 구석구석 전해지는 느낌이었다. 소나무 아래서 마음껏 맑아질 수 있을 것 같은 기분이다. 이 숲길을 거쳐 바우길 5구간 경포호로 되돌아왔다. 눈발이 점점 굵어지고 있었다.

경포호를 벗어나 강문 해변으로 향했다. 솔잎 가득한 푹신푹신한 솔밭을 걸었다. 발걸음이 가벼워 신 나게 숲길을 걸으니 어느새 송정 해변에 다다랐다. 송정 해변에는 커피집과 횟집이 즐비해 여행자들이 꽤 있었다. 주말에는 강릉 시민도 이곳으로 커피를 마시러 온다고 한다. 가을이면 커피 축제가 열리는 강릉이니 커피집만 해도 엄청 많다. 이곳 송정 해변에도 한 집 걸러 한 집은 커피집이다. 눈 내리는 바다를 바라보며 커피 한잔을 마시면 마음 참 따듯해질 듯싶었다.

분주한 송정 해변을 지나니 강릉항이 나타난다. 처음 본 이름이다. 내 기억에는 안목항이었는데 강릉항으로 이름이 바뀌고 새 단장을 했다고 한다. 울릉도 가는 배편도 이곳에 생겼다고 하니 울릉도 노래를 부르시는 우리 엄마와 언제 한번 함께 와서 배를 타고 다녀와야겠다.

강릉항을 지나니 멀리 구름다리가 하나 보인다. 강릉항과 남항진항을 잇는 솔바람다리다. 강릉을 가로지르는 남대천과 동해 바다가 만나는 곳을 잇는 다리이기도 하다. 솔바람다리 위에서 바닷바람을 온몸으로 맞으니 속이 뻥 뚫린다. 벌써 5구간의 끝, 남항진이다. 보통 다섯 시간 이상 걸리는 구간인데 눈이 와서 빠른 걸음으로 걸었더니 네 시간 조금 넘게 걸렸다. 아직 발걸음이 쌩쌩한데 그만 걸으려니 조금 아쉬운 감도 있지만, 오늘 반가운 지인들과 따뜻한 시간을 보내라는 강릉의 선물인 것만 같아 아쉬움을 뒤로한 채 발걸음을 돌렸다.

오늘 걸으며 생각했다. 걷기 여행은 어쩌면 내가 지내온 인생길 같다. 이곳까지 걸어오면서 많이 힘들어 주저앉아 울기도 하고, 외로워서 울기도 하고, 인정받고 싶어 울기도 했다. 누군가를 좋아해 가슴이 시큰거리기도 했고, 누군가를 미워했던 마음이 부끄러워 용서를 빌기도 했다. 걷기 여행을 떠날 때마다 사람들이 물었다. 걷는 것이 힘들지 않느냐고, 때로는 홀로 걸으면 무섭지 않느냐고. 왜 힘들지 않고 무섭지 않겠는가? 매번, 매일 걷는 것이 힘들고 때로 홀로이면 너무나도 무서운 것을. 그러나 낯선 길 위에 서면 힘든 것도, 두려움도 저만치 길 끝으로 멀어져 간다.

어쩌면 길 위에 선다는 것은 내 인생길을 돌아보기 위해서라는 생각이 든다. 그리하여 누군가를 미워했던 부끄러움을 길 위에 버리고, 누군가를 용서하는 마음도 얻고, 자꾸만 나를 비워내는 연습을 하는 것. 나는 그걸 길 위에서 이루어가고 있는 것은 아닐까. 내 삶의 나날이 저 파도처럼 밀려왔다가 사라지기를 반복하는 것은 아닐까.

그나저나 내일은 더 많은 눈이 내린다는데 계속 걸을 수 있을지 걱정이다.

걷기 여행을 떠날 때마다 사람들이 물었다.
걷는 것이 힘들지 않느냐고,
때로는 홀로 걸으면 무섭지 않느냐고.
왜 힘들지 않고 무섭지 않겠는가?
매번, 매일 걷는 것이 힘들고
때로 홀로이면 너무나도 무서운 것을.
그러나 낯선 길 위에 서면 힘든 것도,
두려움도 저만치 길 끝으로
멀어져 간다.

6구간
굴산사 가는 길

거리 약 18km **시간** 7~8시간
코스 남항진–남항진교–병산동–성덕동–강릉 중앙시장–강릉 단오문화관–모산–장현저수지–학산 굴산사지–학산 오독떼기전수관
교통 자가용 서울 영동고속도로–강릉IC–강릉의료원–강릉우체국 사거리–남산교–철도 지하도–입암지하도–6주공사거리에서 우회전–중앙초교 앞 좌회전–남항진
속초·삼척 동해고속도로–남강릉IC–7번 국도 통과–농산물시장 지나 삼거리에서 좌회전–철길 통과 우회전–6주공사거리에서 우회전–중앙초교 앞 좌회전–남항진
대중교통 시내버스 101번
강릉→학산 06:20, 07:00, 08:30, 10:30, 12:30, 14:30, 16:30, 18:30, 20:30
학산→강릉 07:50, 09:30, 11:30, 13:30, 15:30, 17:30, 19:30, 21:20

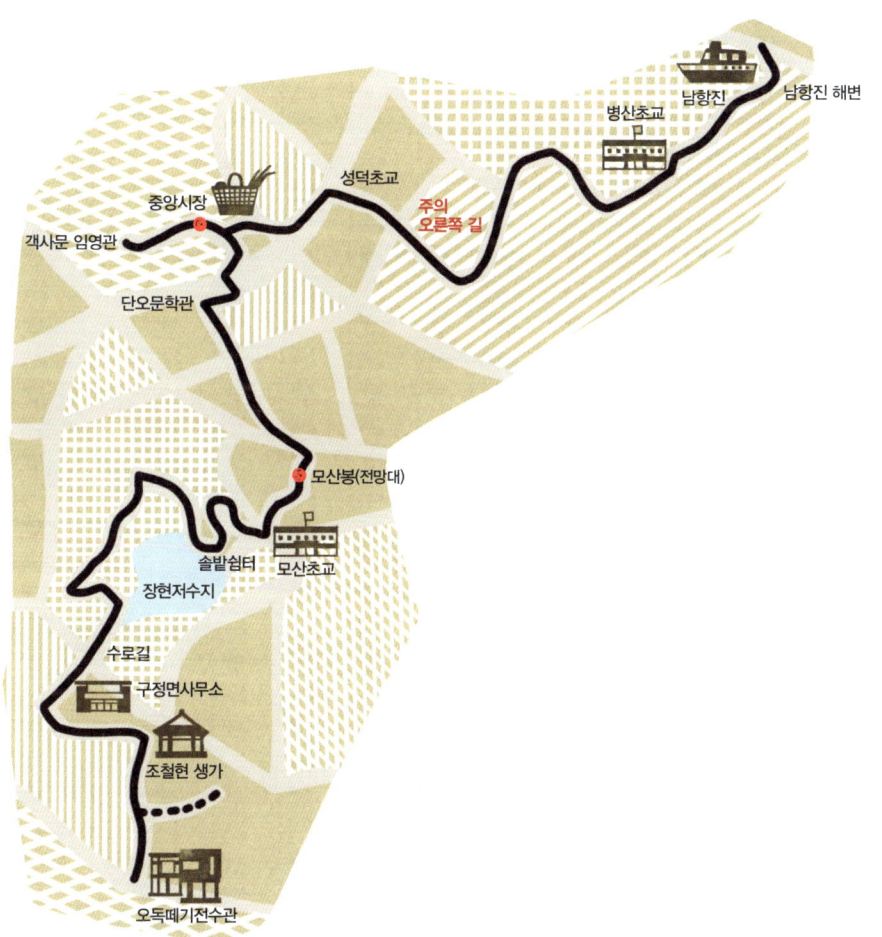

함께 또 따로 걷는
길, 길, 길

어제 친구와 함께 5구간을 마치고 강릉의 지인들과 막걸리를 나누고는 아주 깊은 잠이 들었다. 나는 주말마다 계속해 바우길을 걸어서 네 시간 조금 더 걸렸던 5구간을 걷고도 다리가 아프거나 뻐근한 느낌이 들지 않는데 오랜만에 걸었던 친구는 많이 고단했는지 잠자리에 눕자마자 코를 골았다. 눈이 일찍 떠져 밖을 보니 온통 새하얀 눈꽃이다. 나무 위에도, 자동차 위에도 가늠할 수 없을 만큼 많은 눈이 쌓였다. 길을 나서야 하나 말아야 하나 고민이 되어 창밖만 멍하니 바라봤다. 고단한 친구가 계속 잘 수 있도록 깨우지 않았는데 친구가 일어나 먼저 눈길을 한번 걸어보자고 한다. 걸을 수 있는 만큼만 걷고 못 걸으면 다음에 다시 날씨 좋을 때 걷자면서……. 이번 겨울 들어 본 것 중에 가장 많은 눈이었다. 아침을 가볍게 먹고 매실차를 보온병에 따뜻하게 담아 길을 나섰다. 숙소 밖으로 나서니 눈이 족히 20센티미터는 넘게 쌓였다. 감탄사가 절로 터져 나왔다.

어제 5구간 끝 지점인 남항진으로 가기 위해 택시를 잡아타고 강릉항 솔바람다리로 향했다. 이렇게 눈 오는 날에 여자 둘이서 무슨

영문인가 싶어 택시 기사님은 연신 고개를 갸우뚱하신다. 가면서 보니 눈이 밤새 계속 내렸음을 짐작할 수 있었다. 길은 온통 눈이었고, 지금도 끝없이 눈이 쏟아지고 있다. 차도와 인도가 구분되질 않는다. 그래도 오랜만에 보는 눈이라서인지 걱정보다는 반가움이 앞선다.

차에서 내려 솔바람다리를 향해 걷는데 도로를 걷는 사람이라고는 나와 친구 단둘뿐이었다. 누구도 밟지 않는 새하얀 눈은 무릎 바로 아래까지 쌓여 걸을 때마다 발을 떼는 게 쉽지 않을 정도였다. 굵은 눈발도 지지 않을 기세로 쏟아지는 바람에 카메라를 어깨에 둘러메고 걷기가 불가능해져 젖기 전에 얼른 배낭에 넣었다.

바우길 6구간은 남항진에서 시작한다. 남항진 바다 아래에는 비행장 활주로가 놓여 있어 곧바로 남쪽으로 향할 수 없다. 강릉 시내의 중앙시장에 들러 시장 풍물을 구경하고, 점심도 먹고, 다시 길을 나서 단오문화관과 장현저수지를 거쳐 굴산사지 당간지주에 이르는 19킬로미터의 길이다.

눈이 무릎까지 차오르는 이 상황에 19킬로미터 6구간을 다 걸을 수 있을지 모르겠지만 우선은 걸어보기로 했다. 그래도 마냥 좋기만 했다. 눈보라가 몰아쳤지만 친구와 나는 그저 웃으며 한 걸음씩 앞으로 나아갔다.

그 누구의 발자국 하나 없는 솔바람다리를 다시 건너 남항진으로 향했다. 눈 내리는 겨울 바다는 태어나 처음 경험하는 생경한 풍경이다. 파도가 거세게 치는 겨울 바다 위로 점점이 내린 눈들이 바닷물을 만나 새하얗게 사라지는 풍경……. 눈 덮인 백사장도 처음이었다. 눈밭의 강아지처럼 친구와 나는 남항진 바닷가에서 야호 소리를 마

음껏 지르고 이리저리 뛰어다니며 사진도 찍었다. 이쪽에는 대설주의보가 내렸다는데 우리는 서울에 돌아갈 걱정도 없이 마냥 신이 나 천하태평이다. 아직은 구간 초반이라서 그런지 체력이 빵빵하고 기운이 넘쳐난다.

눈 덮인 도로를 살금살금 기어가는 몇몇 자동차를 빼고 이 눈길을 걷는 사람이라곤 우리 둘뿐이었다. 걷기 편한 도로를 따라 바우길 화살표와 리본을 찾아서 길을 더듬어 나아갔다. 눈이 와 새하얗게 덮였으니 리본도 화살표도 꼭꼭 숨어버리고, 차도와 인도도 구분이 되질 않으니 길 찾기가 여간 어려운 게 아니었다. 큰 도로를 따라 남항진교를 건너 길은 왼쪽으로 향했다. 섬석천 둑길이었다. 누군가 남긴 발자국을 따라가면 편할 텐데 그런 게 있을 리 없었다. 친구와 나는 무릎까지 쌓인 눈길에 새 발자국을 남기며 걸었다. 얼마 걷지도 않았는데 벌써 숨이 차오르기 시작했다. 눈 덮인 길을 걸으니 일반 평지보다 몇 배의 에너지가 더 소모되는 것 같았다.

친구와 나는 닮은꼴이 제법 많은 관계다. 고등학교 1학년 때 만나 햇수로 십구 년째에 접어드는 오래된 인연이다. 그때는 머리 모양이 비슷해 닮았다는 말도 자주 들었는데 우리끼리는 전혀 생김새가 다르다고 주장하고 있다. 운동신경이 뛰어난 친구는 나의 운동 스승이기도 했다. 회사에 갓 입사해 한창 분주하게 생활하면서도 주말이면 꼬박꼬박 스노보드를 타기 위해 스키장으로 향했던 것도 이 친구 덕분이었다. 얼마 전 배드민턴을 시작하게 된 것도 이 친구의 영향이 크다. 나는 운동신경이 그리 뛰어난 편이 못 된다. 그저 지구력 하나만 믿고 이렇게 주구장창 걷는 일을 좋아하고 자신 있어 하는 편이다. 걷기 여행은 내가 선배로 여러 길을 함께 걸었다. 우리 모두 제주도를 끔찍이도 좋아했다. 일 년에 두세 번 제주에 가 걷다가 돌아오곤 했다. 여느 여자 친구들처럼 수다를 좋아하거나 꾸미기를 좋아하지도 않아서, 그저 말없이 걷다가 돌아와도 어색함은커녕 마냥 편하기만 한 그런 친구다.

그렇게 씩씩해 보이기만 한 친구에게도 나름의 아픔과 시련이 있었다. 우리가 한창 스노보드 동호회 활동을 하던 시절 만난 남자와 결혼까지 했으나 그리 오래지 않아 헤어지는 아픔을 겪었다. 한참 힘들어하던 시절 관악산에 함께 올라 정상까지 가지도 못하고 중간 바위에 앉아 하염없이 울기만 하던 친구의 모습은 지금까지도 내게 또렷이 각인되어 잊히지 않는다. 내가 해줄 수 있는 것이라곤 그저 토닥여주고 마음으로 함께 아파하는 것뿐이었다. 그즈음 나는 여기저기 여행으로 일 년에 절반 이상을 나라 밖에서 보내던 때라 곁에서 위로할 수도 없는 상황이라서 그 친구에게는 미안함만 가득했었다.

지금은 다행히 그때의 상처가 많이 아물었지만, 생각하면 여전히 늘 마음 한켠 내주고 싶은 그런 친구이다.

  강릉에 내려가 함께 걷자고 한 것도 나였다. 한 번의 실패 후 아주 오랜만에 연애라는 것을 시작했다가 다시 이별이 찾아왔던 때였다. 엎친 데 덮친 격으로 여섯 해 동안 일하던 직장도 그만두게 되었다. 그러니 바다가 주는, 소나무 숲이 주는 기운이 절실하게 필요한 건 내가 아니라 그 친구일 것 같았다. 내가 할 수 있는 것이라곤 별로 없었다. 그저 같이 걷고, 말없이 옆에서 머물러주는 것뿐이었다. 내가 그러했듯이 걸으면서 많은 아픔을 내려둘 수 있기를 바랄 뿐이었다. 자연이 주는 기운을 듬뿍 받아 허한 마음이 따스함으로 들어차기를 바랄 뿐이었다. 나와 나란히 걷는 내 친구는 지금 무슨 생각을 하며 걷고 있을까 궁금하다.

이 친구와 함께했던 여행이 떠오른다. 2008년이었던가. 그때 나는 인도와 네팔을 사 개월 정도 여행하고 있을 때였다. 한 차례 네팔 트레킹을 마치고 한적한 시골 마을에 머무르고 있었다. 너무 추워서 갑자기 태국으로 따뜻한 바람을 쐬러 가고 싶다는 생각을 하던 차에 친구로부터 메일 한 통이 날아들었다. 겨울 휴가를 맞아 태국 치앙마이에 트레킹을 하러 가겠다고, 괜찮으면 같이 가 크리스마스이브를 산에서 맞이하자고……. 나에겐 엄청난 유혹이었다. 장기 여행이다 보니 알뜰하게 여행할 수밖에 없는 내게 네팔에서 태국까지 왕복 항공료는 엄청난 지출이었다. 하지만 친구와 함께 따뜻한 곳에서 맞이할 크리스마스이브가 더욱 값지다는 생각에 방콕으로 가는 비행기를 탔다.

친구보다 먼저 방콕에 머물면서 친구를 기다렸다. 공항으로 나가 하얀 종이에 환영 인사를 쓰고 친구를 맞이했다. 여행 중에 누군가를 기다리고 함께하는 것만큼이나 설레는 시간도 없을 듯하다. 더군다나 장기 여행에 지쳐 몸도 마음도 쉼이 필요할 때라면 더욱 그렇다. 친구와 함께 장거리 야간 버스를 타고 태국 북부의 치앙마이로 향했다. 함께 자전거를 타고 여기저기를 느긋이 다니고, 태국의 맛난 음식도 먹고, 하이라이트로 고산족 마을을 걸으며 트레킹을 했다. 함께 땀 흘리고 함께 웃었다. 한여름의 크리스마스이브, 고산족 마을 대나무집에서 바라보던 그 석양은 지금도 잊을 수 없을 만큼 아름다운 순간이었다.

그렇게 함께했던 시간이 끝나고 다시 친구는 한국으로, 나는 네팔로 돌아가 각자의 여행을 이어갔다. 지금까지는 그것이 우리의 처음이자 마지막 나라 밖 여행으로 남아 있다. 그 이후로도 몇 번이나 함께 나가자고 약속했지만 각자의 상황이 꼭 들어맞기가 어려웠다. 그 이후로 비행기를 타는 대신 우리는 버스를 타고, 차를 타고, 우리나라를 함께 걸었다. 그리고 지금이다. 내 마음 한켠에 애틋함으로 남아 있는 나의 친구가 아프지 않길, 더 씩씩한 걸음을 걸을 수 있기를 앞서 걷는 친구의 뒷모습을 바라보며 기도한다.

  길은 둑을 따라가고 다시 작은 마을과 마을을 잇는 임도를 따라서 끝도 없이 이어졌다. 누구도 걷지 않은 길, 무릎만큼 쌓인 눈을 처음 밟으며 걷는 느낌, 뽀드득뽀드득 이어지는 소리……. 그저 걷는 행동 하나만으로도 얻을 수 있는 것이 참 많구나 생각해본다. 어느 언덕에서는 썰매를 탄 흔적이 보인다. 작은 발자국 몇 개와 엉덩이로 쓸고 지나갔을 자리. 보기만 해도 웃음이 배어 나온다. 우리도 커다란 봉투 하나만 있으면 썰매를 타고도 남았을 법한 길이 지천이었는데, 친구와 아쉬움만 남겨두고 리본을 찾아 걸었다.

  갈림길마다 리본이 조금 부족하지 않나 싶었다. 아니면 눈 때문에 우리가 제대로 찾지 못했을 수도 있지만 몇 군데 갈림길에서 길을 헤맸다. 아니나 다를까, 언제부터인가 바우길 리본이 보이지 않는다. 길을 잃은 것이다. 작은 길로 걸었다가는 길 찾기가 어려울 것 같아 대로로 나가 지도를 보고 방향을 잡았다. 다행히 대로를 건너니 반갑게도 바우길 리본이 나타났다. 아마도 작은 길에서 리본을 지나쳐 더 걸어왔나 보다.

  길을 건너 아파트와 성덕초등학교를 지나 남대천에 다다랐다. 남대천을 따라 쭉 걷다가 다리를 건너 중앙시장 쪽으로 향하면 되는데 발이 말썽이다. 족저근막염 때문인지, 눈길을 오래 걸어서인지 발바닥에 통증이 느껴졌다. 게다가 6구간은 평지라 발목까지 올라오지 않는 트레킹 신발을 신어 눈이 신발 안으로 들어와 발목 주변이 몽땅 눈에 젖었다. 역시 눈길을 걷는다는 건 쉽지 않은 일이었다. 산길도 아니고 시내에서 무릎까지 올 정도의 눈길을 헤치며 걷고 있다는 사실이 믿어지지 않는다. 발 상태를 봐서 결정해야겠지만 아무래도 6구간 끝까지 걷기는 무리이지 싶다. 우선은 중앙시장으로 가 점심을 먹으면서 친구와 의논하기로 했다.

남대천을 따라 걸으니 건너편에 높은 건물이 하나둘 보인다. 중앙시장이 코앞이다. 길을 걸으며 상상해보았다. 그 옛날 남항진 사람들은 각종 해산물을 들고 이 길을 따라 중앙시장으로 왔을까. 또 반대로 중앙시장에 와서 이것저것 물건을 한 아름 사 들고 들뜨는 마음으로 가족에게로 돌아갔던 길일까. 어쩌면 이 길은 바로 삶의 한 갈래였을 것이다.

남대천을 가로지르는 다리를 건너 중앙시장에 도착했다. 큰 눈이라 크게 붐비지 않았고 문을 닫은 가게도 많지만 시장의 불빛과 가지런히 놓인 생선들, 모락모락 올라오는 수증기를 보니 시장통의 분주함이 마냥 반갑고 따듯하다.

오늘 점심은 강릉에서만 맛볼 수 있는 감자옹심이로 정했다. 수제비나 칼국수와 얼핏 비슷한데 감자로 동글동글하게 반죽을 하여 걸쭉한 국물에 끓여낸 것으로 국물 맛이 일품이다. 오랜만에 맛보는 옹심이다. 쫀득쫀득한 감자 반죽이 입에 척척 감긴다. 눈길을 걷느라 얼었던 몸도 뜨거운 국물에 사르르 녹아내렸다. 옹심이를 먹으며 친구와 의논했다. 오늘 일정을 여기서 접을 것인지 계속 걸을 것인지를. 아무리 생각해도 무리일 듯싶었다. 오후 들어 더 많은 눈이 내린다고 하니 이어 만나게 될 모산봉을 오르기도 쉽지 않을 것 같고, 발 상태도 그리 좋지 않으니 오늘은 그만 걷기로 했다. 아쉽지만 다시 내려와 6구간 중간부터 이어 걸어야겠다.

　다시 이른 아침 강릉행 첫차. 주말마다 더 분주해진 나. 그러나 이런 분주함이 좋다. 강릉의 속살을 만나러 가는 길이다. 이번에는 혼자 걷기로 한다. 좋은 동행을 만나 여러 구간을 걸었으니 혼자서도 걸어보기로 한다.

자다가 깨어나니 벌써 횡성휴게소다. 강원도로 접어들자 눈이 소복이 쌓여 있다. 지난 주말에 폭설로 6구간을 걷다가 멈췄는데 내린 폭설이 녹았을지 궁금하다. 눈이 녹았을지 걱정하며 터미널에 도착해 버스에서 내리자 햇살이 봄 날씨다. 이래저래 변덕스러운 초봄의 날씨인가 보다. 이미 도로의 눈들은 말끔하게 녹아 없어졌다.

시내버스로 갈아타고 지난번 걷기를 마무리했던 중앙시장으로 향했다. 점심을 먹기에는 이른 시각이라 간식으로 떡을 한 봉지 사 배낭에 챙기고 먹거리의 유혹을 물리치고 남대천 다리를 건너 단오문화관으로 향했다. 바우길 주말 정기 걷기 모임에서 6코스를 걸을 때 중앙시장에서 점심을 먹고 다시 모이는 장소이기도 하다. 공휴일인 데다가 오전이라 단오문화관 주변이 썰렁하다. 박물관으로 향했다. 단오와 관련된 행사들과 의미가 일목요연하게 정리되어 있다. 아이들의 이해를 돕기 위해 인형 모형으로 재현해낸 단오의 절차도 훌륭했다. 지난번 대관령에서 치러진 국사성황당 신목 모시기 행사는 가보았는데 아직 본격적인 단오 행사는 참여해보지 못한 터라 올해는 제대로 와야겠다는 생각이 든다.

단오에 대한 나름의 이해를 마치고 단오문화관을 떠나 리본을 따라가다 보니 길이 헷갈린다. 리본이 보이지 않는다. 삼거리인데 건너편 어디에도 리본이나 푯말이 없다. 난감했다. 어쩔 수 없이 바우길 전 구간을 완주한 강릉의 지인에게 전화를 걸어 길을 물었다. 시내이다 보니 리본이 멀쩡히 붙어 있기 어려운 모양이다.

언덕길을 오르는데 이마에 송골송골 땀이 오른다. 계절이 봄으로 향하는 걸 몸이 먼저 알아차린다. 지난 주말에는 엄청난 눈을 만나더

니 오늘은 봄기운까지 더해가니 계절의 흐름을 누구보다도 먼저 만나나 싶어 기분이 좋아진다.

강릉교육청으로 향하는 길은 정겹다. 우리네 옛날 마을의 모습을 그대로 간직한 낮은 집들이 길 양옆으로 섰고 멀리 눈 덮인 대관령 일대가 한눈에 들어온다. 강릉 사람들에게 있어 대관령 백두대간 줄기는 빼놓을 수 없는 배경인가 싶다.

한참을 걷고 있는데 일을 하다가 잠시 쉬러 나오셨는지 중국집 아저씨가 카메라를 둘러메고 걷는 내게 말을 걸어온다. 카메라의 종류와 렌즈의 성능에 대해 이것저것 물으신다. 알고 보니 사진에 취미를 둔 중국집 사장님이다. 왜 카메라를 메고 이 길을 걷고 있느냐고 물으신다. 바우길 리본을 가리키며 강릉 바우길에 대해 설명해 드렸다. 사실 바우길에 대해 강릉 사람들보다 걸으러 오는 외지 사람들이 더 잘 안다. 당신들이야 매일 보는 풍경이고 배경이니 새로울 것이 없다고 여기는 모양이다. 제주 올레길도 여행자들이 자주 찾고 나서야 제주인들이 올레길에 대해 알게 되고 관심을 가졌듯이 말이다. 바우길도 좀 더 많은 여행자가 찾아가서 걸으면 강릉 사람들도 더 많이 알게 될 테지 싶다.

경포중학교를 지나 길은삼거리. 왼쪽으로 꺾어 작은 길로 들어섰다. 작은 밭을 앞마당 삼은 집들이 띄엄띄엄 서 있다. 7번 국도 밑으

로 난 지하도를 통해 도로를 건넜다. 왼쪽에 국도를 두고 나란히 걸었다. 그런데 자꾸 이상한 기분이 감돈다. 어디에도 리본이 보이지 않는 것. 외길이라 그런가 싶어 고개를 갸우뚱하며 십오 분을 넘게 걸었다. 점점 길을 잘못 들었다는 불안한 예감이 들었다. 이런 불길한 예감이 들면 열에 아홉은 길을 잘못 든 것이 틀림없다. 왔던 길을 되짚어 돌아갔다. 아차! 지하보도를 나오자마자 오른쪽으로 난 모산봉으로 향하는 표지와 리본을 놓쳤던 것이다. 등산로에 눈이 쌓여 분간하기가 어려웠던 탓이다. 되돌아오길 잘했다.

눈길 사이로 난 모산봉을 오르기 시작했다. 길은 가파르고 눈이 녹고 있어 여간 미끄러운 게 아니었다. 한 발 디디면 다시 한 발 뒤로 쭉 미끄러지곤 했다. 집에서 배낭을 꾸리면서 아이젠을 넣을까 말까 고민하다가 낮은 산이라 괜찮을 것 같아 빼놓고 왔는데 지금 이 순간 아이젠이 절실하다. 자꾸만 미끄러질 뻔해 손을 바닥에 몇 번이나 짚었다. 이럴 땐 녹는 눈이 더 위험하다.

느리지만 한 발 한 발 천천히 떼면서 징싱에 닿았다. 오르기 시작한 지 십 분 정도 지났을까. 낮은 봉우리였다. 정상에는 몇 명의 등산객이 있었다. 바우길에서 만난 사람 중 가장 많은 인원이었다. 나처럼 오르기보다는 반대쪽에서 넘어오는 사람이 대부분이었다.

모산봉 꼭대기 데크 한가운데 뾰족한 흙봉우리가 있는데 예전에 정치적인 이유로 깎여나간 봉우리를 시민과 봉사자들이 흙을 다시 날라서 만들었다고 한다. 정상에 앉아 멀리 대관령 꼭대기도 보고 오랜만에 만난 사람들과 인사도 나누고 앉아 쉬었다. 앉아 있다 보니 내려갈 길이 걱정이다. 올라오는 길처럼 저렇게 눈이 많다면 내리막길이 더 미끄러울 텐데 말이다.

　다행히 질퍽한 흙이 미끄럽긴 했지만 눈은 대부분 녹은 상태였다. 이래서 사람들이 반대로 넘어오나 싶었다. 길은 작은 도로를 건너 다시 산등성이로 올라섰다. 모두 모산봉 줄기인 것 같다. 오르막길은 역시나 눈으로 미끄럽다. 정상에 오르면 길은 다시 평평한 능선과 능선을 이어주고 있었다. 미끄러울까 조심스레 걸었지만 산책로로도 아주 훌륭했다. 이래서 많은 등산객이 찾나 싶었다.

　작은 능선을 내려오니 산속 오아시스처럼 자리한 장현저수지를 만났다. 저수지를 바라보니 시야가 탁 트인다. 병풍처럼 대관령산맥을 등에 업은 것 같다. 잠시 앉아 물 한잔과 떡을 먹으며 한가로운 저수지를 보니 오리들도 봄볕을 즐기며 한가로이 노닐고 있었다. 혼자 걸으니 마음 내키는 대로 걸을 수 있어 좋다. 쉬는 횟수도 많아져 느긋하게 걷게 된다. 수많은 길 사이로 머릿속에 이런저런 생각이 떠올랐다가 사라지곤 한다.

　길은 계속해 다시 산의 능선 사이로 이어졌다가 눈 덮인 임도를 따라 농가들을 만났다. 저수지 주변으로 길이 이어져 구정마을로 향하는 듯 보인다. 장현저수지로 흐르는 하천을 따라 걷다가 가지치기를 하는 할머니 한 분을 만났다. 오늘은 사람을 많이 만나 반갑다. 무슨 나무인가 싶어 여쭤보니 자두나무라고 하신다. 봄이 오니 지저분한 가지들을 잘라내고 열매가 잘 맺게 해주는 일이라 하신다. 정말 봄이 오려나 보다.

　둑방길을 따라 걷는데 다리 입구에 몸집이 나만 한 커다란 개 한 마리가 묶여 나를 째려보고 크게 짖고 있었다. 아니 개를 왜 집에 묶

어두지 않고 길 한가운데 묶어뒀는지 모르겠다. 내 별명이 한때 '개엄마'로 불릴 정도로 나도 개를 누구 못지않게 좋아하지만 이번에는 달리 방법이 없다. 결국에는 다리를 건너 건너편 리본을 보며 걸을 수밖에 없었다. 다행히 다시 새로 만난 다리에서 제 길로 들어섰다. 커다란 개가 짖는 바람에 동네 개들이 다 함께 큰 소리로 짖어댔다. 구정면사무소 앞을 지나 길은 다시 하천을 건너 이어졌다.

작은 집들을 지나니 잘 지은 한옥 한 채가 나타났다. 살짝 들여다보니 사람이 사는 집이라 안쪽을 구경할 수는 없었지만, 설명을 보니 정의윤 가옥으로 지난번 TV 여행 프로그램의 김치로드 편에도 나왔던 한옥이라고 적혀 있다.

길은 마을을 지나 하천을 따라 오독떼기전수관으로 향했다. 다리가 슬슬 아파진다. 강을 따라 걷는 한가로운 길이다. 배가 고팠지만 딱히 혼자 들어갈 만한 밥집이 보이지 않는다.

드디어 오늘 6구간의 끝인 오독떼기전수관 건물이 나타났다. 반갑다. 오독떼기가 무얼까 하며 궁금해하던 참이었다. 오독떼기란 학산리에 전승하는 논맴 소리의 하나로 무형문화재로 지정되었다고 한다. 이곳 한산리는 섬석천을 따라 넓은 들이 펼쳐져 있어 농요가 발달했다. 예부터 전해져 내려온 농요를 잇고자 하는 곳이 이곳 오독떼기전수관이다. 한가로운 주말이라 문이 닫혀 있어 내부를 구경할 수는 없었지만, 전수관 앞 바위에 새겨진 오독떼기 노랫말을 보니 일하는 수고로움이 농요의 가락에 젖어 시름을 잊은 듯했다.

6구간의 끝이다. 다시 강릉 시내로 돌아가기 위해 한 시간 삼십 분째 버스를 기다리며 이 글을 쓰고 있다. 6구간의 3분의 2 정도를 걸었지만 산 눈길에서 긴장한 탓인지 발바닥이 뻐근하다. 얼른 중앙시장으로 가 맛있는 저녁을 먹고 싶은 마음이 굴뚝같다.

저녁은 든든한 지원군인 강릉 친구의 이끌림으로 순댓국을 먹으러 갔다. 성산 뒷마을에 있는 현지인들의 맛집으로 사람이 끊이질 않았다. 이상하게도 여행을 떠날 때마다 국밥이 그립다. 내 배는 여행자 체질을 타고나 밥을 먹지 않아도, 김치가 없어도 몇 달을 거뜬히 버티지만 컨디션이 좋지 않거나 한국이 그리울 때는 늘 국밥, 그것도 순댓국이 그리워지곤 했다. 지난 여름, 태국 여행 이후로 처음 먹는 순댓국이라 반갑고 맛있었다. 열심히 걷고 든든하게 먹는 국밥의 맛은 먹어본 자만이 아는 것!

숙소는 다시 바우길게스트하우스. 바우길을 걷는 데 이만한 숙소도 없는 듯싶다. 따듯한 물로 씻고 몸을 풀고 앉아 있으니 내일 눈이 내린다는 일기예보가 들려온다. 7구간을 걸으려면 역시나 산길이 많을 텐데 미끄럽지는 않을지 걱정이 한 아름이지만 노곤함에 졸음이 살금살금 몰려온다. 우선 실컷 잠이나 자야겠다.

누구도 걷지 않은 길,
무릎만큼 쌓인 눈을 처음 밟으며 걷는 느낌,
뽀드득뽀드득 이어지는 소리······.

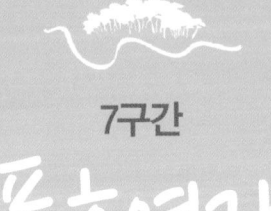

7구간
풍호연가

거리 약 20km **시간** 약 7시간
코스 오독떼기전수관–학산마루–금광초교–덕현리 버스 종점–정감이산책로–강동면사무소–하시동 연꽃단지–풍호산책로–하시동 해안사구–염전해수욕장–안인항
교통 자가용 서울 영동고속도로–동해고속도로–남강릉IC–학산교차로 좌회전–학산교 좌회전–학산 오독떼기전수관
속초·삼척 동해고속도로–남강릉IC–학산교차로 좌회전–학산교 좌회전–학산 오독떼기전수관
대중교통 시내버스 안목↔학산 101번, 안목↔학산↔어단리 102번 수시 운행

풍호연가 코스 지도

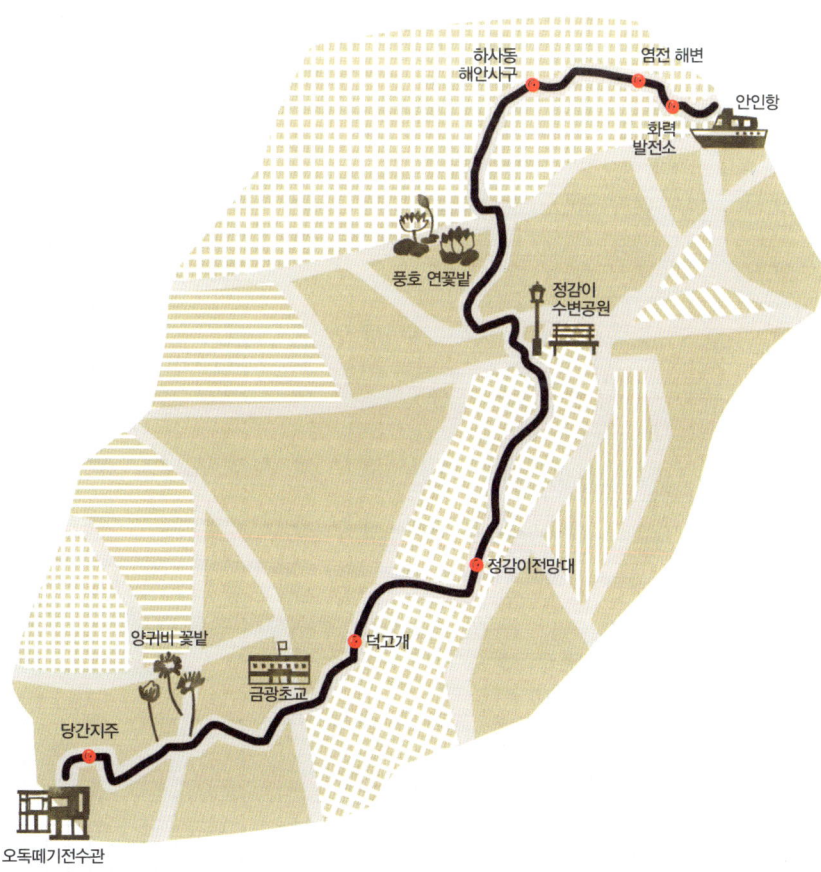

걷기의 즐거움, 마음으로 느끼는 길

 이른 새벽부터 잠을 설쳤다. 게스트하우스를 네 시 반에 떠나는 한 여행자 때문이었다. 게스트하우스란 곳이 하나의 숙소를 여러 명이 사용하다 보니 서로 예의를 지켜주는 것이 기본인데, 이 여행자는 우당탕 짐 싸는 소리며 새벽부터 전화벨 울리는 소리까지 다른 여행자들이 잠을 깰 만큼 시끄럽고 요란했다. 일어나 한소리 할까 하다가 새벽부터 서로 기분이 상할까 싶어 참았다.
 바우길게스트하우스는 방 하나에 거실과 화장실이 있는데 거실에 웃풍이 조금 있는 편이지만 다섯 명 정원이 같은 방을 쓰게 되어 있어 답답한 터라 거실에 나와서도 잠을 잔다. 나 역시 방이 답답하기도 하고 낯선 이들 옆에서 바로 누워 자는 게 불편해 거실에서 잠을 잤다. 어차피 방에서 잠을 자지 않았을 테지만 더군다나 어제는 게스트하우스에 개를 데려온 여행자가 있었다. 나도 개를 좋아하지만 여럿이 사용하는 숙소에 개를 데려와 다른 사람들에게 양해를 구하지 않고 본인들만 방을 쓰는 것이 조금은 불쾌했다. 우리나라에서는 아직 게스트하우스라는 시설에 대한 인식이 없어 그런가 보다 생각하며 시간이

지나고 여행 문화가 달라지면 나아지겠거니 이해하고 넘겼다. 게스트하우스를 사용하는 여행자라면 지켜야 할 기본 예의에 대해 생각해봐야 하지 않을까 싶다.

사실 나도 본격적으로 배낭여행을 떠나면서 게스트하우스를 사용하기 시작해 햇수로 따지면 얼마 되지 않았다. 초반에는 이 게스트하우스 문화에 적응이 되질 않아 난감했던 적도 종종 있었다. 한번은 남극 여행을 마치고 남극에서 만났던 탐험 여행사 친구와 함께 칠레로 트레킹을 떠난 적이 있다. 본국으로 돌아가기 전에 트레킹을 떠나려던 그와 애초부터 남극 여행 후 트레킹을 계획했던 내가 일정이 맞아 함께 떠나게 된 것이었다. 그는 남극에서 요리사로 일하는 친구였다. 외국의 게스트하우스는 남녀의 공간이 분리된 곳도 있지만 그렇지 않은 곳도 많다. 트레킹이 시작되는 초입 도시 게스트하우스에서 같이 머물게 되었는데 날씨가 좋지 않은 탓이었는지 그날따라 숙소에는 우리 둘만 같은 방에 머물게 되었다. 잠자리에 들 시간이 되어 불을 끄고 '굿나잇'을 외치고 침대에 누웠는데, 맙소사! 그가 청바지를 벗고, 티셔츠도 훌러덩 벗는 것이 아닌가. 이걸 어쩌나 싶어 이불만 꼭 쥐고 '다가오면 냅다 밀어내고 소리를 지르고 도망쳐야지' 하고 있었는데 그는 아무 일도 없다는 듯 이불 속으로 쏙 들어가 드르릉 코를 골며 자는 것이 아닌가. 또 한번은 2층 침대의 1층에 자려고 누웠는데 팬티 차림의 한 서양 남자가 2층 침대로 스윽 올라가는 것이 아닌가. 딱히 잠옷을 따로 챙겨 입지 않는 습관 탓에 속옷만 입고 침대 속으로 들어가는 여행자들 덕분에 꽤 가슴 설레거나 두려웠던 경험이 적지 않다.

그리고 한번은 아르헨티나 멘도사에 머물 때였다. '홀러덩 여행자들'이 불편했던 터라 그 이후로 남자와 여자 방이 구분된 게스트하우스를 찾아 머물곤 했다. 멘도사의 숙소도 그러했다. 남녀가 분리된 방이었고 엄격하게 출입을 금하고 있었다. 사실 이래야 지내기가 편하다. 옷 갈아입는 것은 물론 생활하기가 편하니까. 그때 2층 침대에서 한참을 자고 있었는데 이상하게도 1층 침대가 요란하고 소란스러워 잠이 깼다. 새벽 나절이어서 모두가 잠들어 있을 시간이었는데 이상하게 1층 침대가 분주한 것이 아닌가. 무슨 일이 있나 싶어 내려다보니, 이런! 아래 침대에 머물던 여행자가 지난밤에 안 들어오더니 한 남자 여행자를 데려와 애정행각을 벌이고 있었다. 아주 분주하게! 결국 그 여행자는 다른 여행자들의 야유와 게스트하우스의 방침에 따라 그날 방을 빼고 말았다. 이른 새벽부터 시끄러웠던 한 여행자 덕분에 지나간 게스트하우스의 추억을 떠올려본 아침이었다.

　부지런하고 무례한 여행자 덕분에 이래저래 잠을 설치다가 일곱 시쯤 일어나 세수와 양치만 하고 다른 사람이 깰까 조심조심 가방을 챙겨 식당으로 향했다. 게스트하우스 아주머니께서 챙겨주시는 아침을 든든히 먹고 7구간 시작점으로 향했다. 어제 6구간을 걷고 버스를 탔던 학산3리 버스정류장에서 시작했다. 어제 오독떼기전수관과 굴산사지 당간지주를 거쳐 버스정류장에서 걷기를 마쳤기 때문이다.

　커다란 두 개의 돌기둥이 우뚝 선 것이 보인다. 굴산사지 당간지주다. 당간지주가 무얼까 싶어 어제 열심히 설명을 들여다보았다. 신라 문성왕 때 지은 굴산사라는 사찰의 옛터에 남은 당간지주로, 절에 행사가 있을 때 입구에 '당'이라는 깃발을 달게 되는데, 그 깃발을 달아두는 장대를 당간이라고 한다. 그리고 이 당간을 양쪽에서 지탱해주는 두 돌기둥을 당간지주라고 해 사찰 앞에 세워 신성한 영역을 표시하는 역할을 했다고 한다. 굴산사지 당간지주가 우리나라에서 가장 큰 당간지주라 하니 우뚝 선 그 규모가 놀라울 정도였다. 두 돌기둥 사이로 눈 덮인 산 능선이 펼쳐져 있어 그 기운이 더욱 예사롭지 않아 보였다. 이 돌기둥 사이에서 펄럭이는 깃발 너머로 펼쳐졌을 굴산사의 규모와 그 뒤에서 든든한 배경이 됐을 백두대간의 위엄을 상상하니 알 수 없는 신성한 기운이 느껴진다.

굴산사지는 강릉 시내에서 남서쪽으로 6킬로미터 정도 떨어져 있는데, 지금은 터만 남고 농경지로 변했으나 신라 문성왕 때 범일국사가 창건했던 영동 지역 최대의 사찰이었다고 전해진다. 하긴 입구의 돌기둥이 저리 큰데 절은 얼마나 컸을까 싶다.

아침부터 날씨가 심상치 않다. 이미 추적추적 비가 내리고 있었다. 우비를 입을까, 우산을 쓸까 고민하다가 우비를 입으면 챙이 큰 모자를 쓰지 않은 얼굴에 비를 맞을 것 같아 번거롭지만 우산을 폈다. 7구간은 오독떼기전수관에서 시작해 덕현리, 정감이마을 산책로, 풍호마을과 안인 해안사구를 거쳐 안인 해변까지 이어지는 17킬로미터의 길이다.

학산3리를 떠나 금광리를 향해 걸었다. 오른쪽으로 눈 덮인 하얀 산들이 이어졌는데 지도를 보니 울트라 바우길 능선들이다. 울트라 바우길은 당일 코스가 아니라 2박 3일 이상의 캠핑 코스인데 아직 일반인에게 전체 길이 공개되지 않은 걸로 봐서 이번에 같이 걸을 수 있을지 아직 확신할 수가 없다. 지난번 바우길게스트하우스에서 사무국 관련자에게 물어보니 눈이 너무 많아 사무국 직원들조차 길을 나섰다 되돌아왔다고 하니 지금은 아무래도 무리이지 싶다. 봄이 되면 걸을 수 있으려나 작은 희망을 품어본다. 때마침 길가에 아담한 개두릅나무 끝에서 봄을 알리는 새순이 살짝 오른 걸 보니 봄이 머지않았나 보다. 봄이면 이 길에서 개두릅을 따느라 분주한 농부들의 모습을 상상하며 길을 걸었다.

1층 높이의 아담한 초등학교를 지나친다. 금광초교이다. 지금이면 개학을 했을 텐데 조용한 것을 보니 수업 시간인 모양이다. 산을 앞마당 삼고 개두릅과 넓은 밭이 지천으로 깔린 낮은 학교의 아이들은 얼마나 순수하고 착할까 싶어 낮은 담장 너머를 둘러보고 길을 나섰다. 길은 밭과 밭 사이로 이어졌다. 밭길의 끝에 눈이 쌓여 길이 안 보이니 어디로 가야 하나 한참을 두리번거리다가 건너편 멀리서 바람에 나부끼는 리본을 발견했다. 휴, 안심이다! 이럴 땐 꼭 보물을 발견한 것처럼 반갑다. 밭길에서 작은 오솔길로, 오솔길에서 다시 숲길로, 길은 다시 길로 이어지고 있었다.

걷기의 즐거움이란 어디에 있을까? 애써 그것을 찾을 필요가 있을까 싶다. 그냥 이어진 길을 따라가다 보면 머리보다 본능이 먼저 알아차린다. 새순이 피어나는 들길, 맑은 시내를 끼고 졸졸 흐르는 둑길, 사람 냄새 물씬 풍기는 재래시장 골목길, 솔 향 가득한 숲길……. 두 발로 걸으며 마음으로 느끼면 그것으로 충분한 것이다.

정감이마을 등산로로 접어들었다. 이곳 등산로의 유래가 재미있다. 마을 김 부잣집에 머슴으로 사는 유 총각과 김 부잣집의 예쁜 딸이 서로 사랑에 빠지게 되었는데, 나무를 하러 나온 유 총각과 나물을 캐러 나온 김 부잣집 딸이 산에서 소나기를 만나게 되었다. 소나무 가지 밑에서 비를 피하던 둘은 도망을 가기로 결심하고 깊은 계곡으로 가던 중 이 길을 지났다고 한다. 그 후 젊은 연인들이 이곳에서 사랑을 언약하면 그 사랑이 이루어진다는 이야기가 내려오고 있다. 사랑이 이루어진다는 이런 길을 홀로 걷고 있자니 참으로 외로울 수밖에. 그래도 어여쁜 소나무 숲길이 나를 위로해주듯 다정하다.

비는 계속해서 내렸다. 우산을 들었지만 비바람이 불어 옷이 조금씩 젖고 있었다. 그보다도 땅이 엉망이다. 지난주에 내렸던 큰 눈이 녹고 있는데 비까지 내려 질퍽질퍽하다. 또 땅이 붉은 흙이라 그렇잖아도 미끄러운데 신발에 솔잎과 함께 엉긴 흙뭉치가 들러붙어 신발의 두 배만큼이나 커지고 무거워 걷는 속도가 자꾸 느려진다. 발을 아무리 털어내도 또다시 들러붙으니 아예 포기하고 느린 속도로 터벅터벅 걷는다. 아무도 없는 비 내리는 소나무 숲길을 느리게 걷고 또 걸으니 고요하고 차분해진다.

걷기의 즐거움이란 어디에 있을까? 애써 그것을 찾을 필요가 있을까 싶다.
그냥 이어진 길을 따라가다 보면 머리보다 본능이 먼저 알아차린다.
새순이 피어나는 들길, 맑은 시내를 끼고 졸졸 흐르는 둑길,
사람 냄새 물씬 풍기는 재래시장 골목길, 솔 향 가득한 숲길…….
두 발로 걸으며 마음으로 느끼면 그것으로 충분한 것이다.

나는 하늘에서 내리는 건 뭐든 다 좋아하는지라 눈이 올 때도, 비가 올 때도 걷는 걸 좋아한다. 빗소리를 들으며 땅과 나무에서 낮게 피어 오르는 향기를 맡으면 몸과 마음이 차분해지기 때문이다. 날씨가 좋으면 좋은 대로 궂으면 궂은 대로 다 나름의 운치가 있다. 한여름에는 우산이나 우비가 있어도 무작정 비를 맞으며 걷는 걸 좋아한다.

솔잎 가득 쌓인 오솔길을 걷고 있자니 이 길을 가을에 걸어도 참 좋겠다는 생각이 든다. 떨어진 솔잎 가득한 숲길, 황금빛 물결 이는 밭과 밭 사잇길……. 계절마다 그 길이 갖는 느낌이 다를 테니 계절마다 걸어야 바우길의 참맛을 조금이나마 알게 되지 않을까 싶다. 이러다가 봄부터 겨울까지 사계절 내내 바우길을 걷게 되는 건 아닐까.

정감이마을 등산로가 끝나가나 보다. 몇 채의 집과 임도가 보인다. 사람 하나 없는 숲길을 걷다 보니 이거야말로 수행이 아닌가 싶다. 수행이란 게 뭐 별것 있나, 말하는 것을 아끼고 자연에 최대한 가까이 살면 되는 거지. 나는 원래도 말주변이 별로 없는 데다 말을 하기보다 듣는 것이 더 편하고 좋은 사람이다. 길을 걸을 때 조잘조잘 수다를 떨기보다는 말없이 걷는 편이라 같이 걷는 사람이 수다쟁이라면 조금 불편하다. 얘기를 잘 듣는 척하다가도 느리거나 빠르게 걸어 도망간다. 타고난 태생이 그래서 어쩔 수 없다.

정감이마을 등산로가 끝나고 임도를 따라 조금 내려가니 수변공원이 나타난다. 호수 주변에 정자가 있어 잠시 쉴 겸 비를 피했다. 휴, 비를 피해 쉴 곳이 마땅치 않았는데 고맙고 반갑다. 배낭을 내리고 우산을 접고 앉았다. 호수 위로 파문을 일으키는 비의 흔적을 빼고는 움직임 하나 없이 고요하다. 피어났다가 사라지는 물 번짐을 바라보며 앉아 차를 한 잔 마시고 사과를 베어 무니 꿀맛이다. 한 잔의 차와 과일 한 조각이 이리도 고마울 수가 있나. 이러니 걷는 여행은 사소한 것들에 새삼 감사를 느끼는 여정인 것이다.

길은 작은 하천을 따라 강동면으로 이어졌다. 7번 국도 밑을 통과해 강동면에 도착하니 몇몇 식당과 편의점이 보인다. 점심을 이곳에서 해결해도 좋을 테지만 나는 오늘의 종착지인 안인에서 먹을 계획을 이미 세워둔 터라 식당 간판을 미련 없이 지나쳤다. 길을 건너 동해, 옥계로 향하는 큰 도로의 뒷길로 향했다. 몇몇 집들이 이어졌고 임도를 따라 풍호마을로 들어섰다.

바우길을 걸으며 사람 구경하기가 어렵다. 겨울이라 그런지 동네 주민보다 개들이 낯선 길손을 반겨준다. 아니, 길손을 경계한다. 아니나 다를까 풍호마을에 들어서며 얼룩개 한 마리를 만났다. 목줄이 풀려 나를 따라 도로로 뛰어나왔다. 바우길에서 만난 개들이 하나같이 짖어대 겁을 먹고 뒤도 보지 않고 도망을 치려는데 이 녀석 꼬리를 흔들며 발밑까지 따라붙는다. 뒤돌아 마주하니 눈길이 선하다. 녀석도 사람이 반가운 모양이다. 머리를 몇 번 쓰다듬어주고는 가라고 내친다. 비 내리는데 녀석도 춥겠다는 생각이 들었다. 한참을 따라

오더니 녀석의 영역을 벗어났는지 멈춰서 나를 한참 바라보며 여전히 꼬리를 흔들고 서 있다. 길가에서 마주친 개 한 마리와 헤어지는 것도 이리 서운한데 사람과 이별하며 사는 건 얼마나 힘든 일일까 싶다. 어릴 때 키우던 개 두 마리와 헤어진 이후로 살아 있는 동물을 쉬이 집에 들이지 못하는 것도 이런 이유에서였다. 아쉬움을 뒤로하고 기찻길을 건너 풍호마을 연꽃 단지에 도착했다. 겨울이라 연꽃은 없고 철새만 가득했지만, 연꽃 피는 여름이면 한가로이 산책하며 거닐고 싶은 길이다.

도로를 따라 걷다가 하시동 등산로로 접어들었다. 등산로 입구 축사에 있는 소들은 이방인의 출현이 놀라운지 큼직한 눈을 껌벅이며 음메음메 울어댄다. 한참을 오르니 오른쪽으로 골프장 건설 현장이 나타난다. 멀리 허연 수증기를 내뿜는 영동화력발전소도 함께 눈에 들어온다. 자연 속을 걷다가 문명을 만난 것처럼 어울리지 않은 풍경이었다. 영동화력발전소에서 나온 회탄으로 수십 년 매립한 풍호는 이미 호수가 아니다. 풍호 주변으로 단풍나무가 많아 풍호라 칭하고 신라의 화랑들이 뱃놀이를 즐겼다고 하는 이 호수는 인간의 개발에 묻혔고 호수 주변의 주민도 모두 이곳을 떠나지 않았을까. 매립지 위로 건설 중인 골프장이 완성되면 이곳 산책로마저 사라지지 않을까 걱정이 들었다.

길은 오른편에 골프 리조트를 두고 도로로 쭉 이어졌다. 도로를 걸으니 발바닥이 아파진다. 이래서 흙길이 좋다. 길을 걷다 보면 알게 된다. 불평이란 것이 얼마나 소용없는 것인지. 오르막길을 앞에 두고 불평한다고 오르막이 사라질까, 내리막길이 간절하다고 편한 길이 눈앞에 나타날까. 불평불만이란 모두 부질없다는 걸 나는 걸으며 배웠다. 그저 묵묵히 걷다 보면 오르막길도, 내리막길도 모두가 지나간다는 것을 온몸으로 먼저 배웠다. 그러니 우리 삶에 찾아드는 아픔도 시간에 따라 지나게 되어 있더라. 물론 그 아픔의 중심에서야 이렇듯 꿋꿋하게 버티기도 어렵겠지만, 어쨌든 지나간다는 사실만 가슴에 새기고 있어도 위안이 되고 힘이 되는 순간들이 있다. 걸으며 만나고 지나가는 수많은 오르막길처럼······.

나는 하늘에서 내리는 건 뭐든 다 좋아하는지라
눈이 올 때도, 비가 올 때도 걷는 걸 좋아한다.
빗소리를 들으며 땅과 나무에서 낮게 피어오르는
향기를 맡으면 몸과 마음이 차분해지기 때문이다.
날씨가 좋으면 좋은 대로 궂으면 궂은 대로
다 나름의 운치가 있다. 한여름에는 우산이나 우비가
있어도 무작정 비를 맞으며 걷는 걸 좋아한다.

곧 다시 스페인 산티아고 길을 떠나기로 마음먹었다. 벌써 일 년 전부터 계획하던 일이다. 2008년에 프랑스 길을 걷고 사 년 만에 다시 떠나는 길이다. 이번에는 북쪽 해안길이다. 총 820킬로미터로 프랑스 길보다 길고 오르막과 내리막이 심하다. 보통 하루에 20에서 30킬로미터를 걷는데 발바닥과 발가락에 잡히는 물집만 해도 수십 개였다. 바우길을 걷고 있자니 곧 다가올 산티아고 길이 걱정이다. 막상 닥치면 오르막길이든 내리막길이든 그저 묵묵히 걷게 되리라는 걸 알면서도 미리부터 이렇게 걱정이다.

도로 왼쪽으로 안인 해안사구가 펼쳐진다. 해안사구는 오랜 세월 파도와 조류에 의해 해안으로 밀려와 쌓인 구릉지대에 나무와 온갖 식물들이 자라고 다양한 동물들이 서식하면서 육지화된 곳이다. 이곳의 자연 생태계와 아름다운 경관의 가치는 높이 평가받는다고 한다. 안내판을 보니 생소한 식물과 동물이 가득하다. 바우길 초기에는 이곳을 직접 걸을 수 있었는데 환경 보전의 목적으로 환경부가 관리하면서 길이 막혀 도로로 우회할 수밖에 없었다. 다른 일도 아니고 우리 환경을 보전하는 일이니 아쉽지만 적극 동참하는 일이 최선이다.

해안사구를 벗어나니 철조망 너머로 수평선이 보인다. 바다다! 바람이 거세 파도가 엄청 높다. 도로를 따라 한참을 걸으니 염전해수욕장이다. 비가 와 한적한 바다에서 인근 주민 몇 명이 낚시와 그물질을 하고 있다. 바다와 강 끝 민물이 만나는 곳이라 물고기 잡기가 수월한가 보다. 차를 세워놓고 낚시질을 하는 낚시꾼이 여럿이다.

걸어온 길이 꿈이었을까,
잠깐 꾼 꿈에서도 바닷가를 걷고 있다.
오늘도 걷고 또 걸었다.

1960년대 영동 지방에서 캐낸 석탄을 소비하면서 제 역할을 해냈지만 거기서 나오는 회탄으로 풍호를 메워 지금은 환경 파괴범으로 지목받고 있는, 이곳 풍경에 어울리지 않는 영동화력발전소를 지나 다리를 건너 안인으로 향했다.

　슬슬 배가 고프다. 열심히 빗길을 걸었으니 그럴 만도 하다. 인근 해양 관련 연구소의 직원들이 열심히 드나드는 횟집에 들어가 점심으로 회덮밥을 먹었다. 꿀맛이다. 회덮밥에 얹힌 회가 따로 주문해 먹는 회 접시의 회보다도 많다. 속이 든든하다.

　길이 얼마 남지 않았다. 갯목마을 뒷고개를 너머 안인진항에 도착했다. 기찻길 너머 바다를 보며 한여름의 바다를 상상한다. 드디어 7구간까지 왔다. 넘실대는 동해의 높다란 파도를 마주하며 큰 숨을 내쉬는 것으로 오늘 '풍호연가' 걷기를 마감한다. 언제나 든든한 내 두 다리에 다시 고마움을 마음속으로 전했다.

　다시 시내로 가기 위해 큰 도로를 따라 버스정류장으로 십 분을 걸어가는데 비바람에 우산이 뒤집히고 바람이 어찌나 차고 거센지 걸어온 길보다도 더 험했다. 역시 바닷바람이다. 돌아가는 길까지 쉽지가 않구나. 다행히 한 시간에 한 대꼴로 다니는 버스 시각에 아슬아슬하게 맞췄다. 오 분을 기다렸다가 정동진에서 출발한 버스에 몸을 싣고 앉으니 버스 안의 따뜻한 기운과 사람들의 모습이 반갑고 정겹다. 차창 밖 안인진의 바다를 뒤로하고, 따스한 기운에 스르르 잠이 밀려온다. 걸어온 길이 꿈이었을까, 잠깐 꾼 꿈에서도 바닷가를 걷고 있다. 오늘도 걷고 또 걸었다.

8구간
산 우에 바닷길

거리 약 9.3km **시간** 약 5시간

코스 안인삼거리-전망대-삼우봉-활공장 전망대-괘방산-방송탑-당집-183고지-정동진역

교통 **자가용** **서울** 영동고속도로-동해고속도로-남강릉IC-7번 국도-안인삼거리

속초·삼척 동해고속도로-남강릉IC-7번 국도-안인삼거리, 동해고속도로-옥계IC-해안도로-금진-정동-안인삼거리

대중교통 **시내버스** 강릉↔안인 109, 111, 111-1, 112, 312번 수시 운행

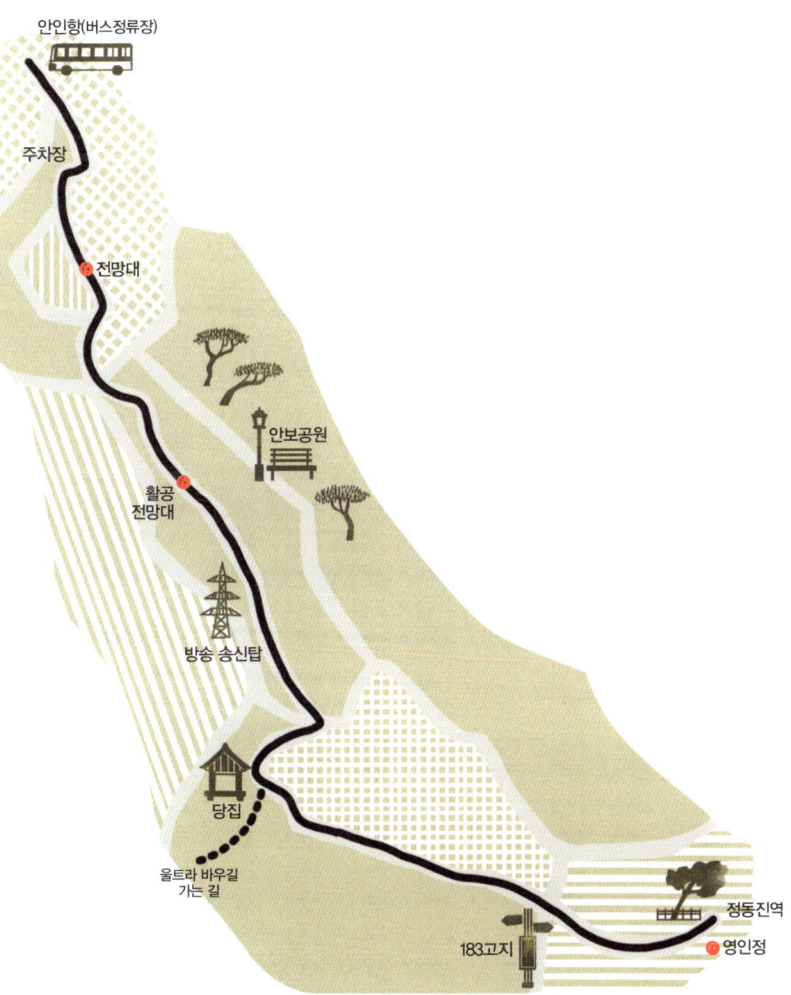

길동무와 함께하는 걸음, 모두가 애틋한 길

새벽 다섯 시, 머리맡 휴대전화에서 알람이 요란스레 울린다. 이렇게 일찍 일어나야 하는 날에는 긴장 때문인지 밤새 자다 깨다를 반복하다가 겨우 잠에 좀 드나 싶으면 일어나야 할 시각이다.

이번 주에는 몸 상태가 형편없었다. 지난 주말에 엄마의 회갑 생신 모임이 있어 강릉으로 향하지 않고 푹 쉬었는데도 편도선이 퉁퉁 부어, 조금 과장하자면 목구멍이 안 보일 정도였다. 편도선이 아팠던 사람은 안다. 그 고통이 얼마나 큰지. 심할 때는 침 삼키기조차 어렵고, 온몸에 열이 나며 두통이 심해 무척이나 괴롭다. 토요일 강릉행 기차표도 예매해뒀는데 화요일부터 아프기 시작했다. 더구나 이번에는 편도선이 부어오른 데다 감기까지 겹쳐 더 힘들었다. 가글 소독약에 감기약과 부기를 가라앉히는 차가운 얼음물까지……. 이틀 동안 밥 먹을 때 빼고는 침대에 누워 꿈쩍도 하지 않았더니 목요일 오전부터 목이 가라앉고 움직일 힘과 식욕도 생겨났다.

한때 편도선의 증세가 심해져 수술하려고 대학병원에 찾아간 적이 있다. 그때 의사 선생님 말씀이, 우리 몸에는 불필요한 게 있을 리 없

159 8구간 산 우에 바닷길

다면서 지금 수술해 당장 아픈 것을 고치더라도 나이 들면 그곳이 새로 아플 수 있다고 했다. 그 충고를 받아들여 수술하지 않고 지금까지 지냈다. 그런데 환절기가 되거나 피로가 심해지면 주체할 수 없을 정도로 목이 붓고 아프다. 다행히 이번에는 앓았던 기간이 짧은 편이다. 주말 강릉행을 취소하고 좀 더 쉴까 생각했다가 길동무와 어렵게 맞춘 시간이고 몸도 나아지는 것 같아 계획대로 길을 나섰다.

나는 여행자 식성은 타고났지만, 여행자에 필요한 건강 체질을 갖추지는 못한 것 같다. 늘 무거운 배낭을 메고 걷는가 하면, 가격이 싼 장거리 버스와 협소한 침대를 자주 이용한 탓인지 퇴행성 디스크를 앓고, 신경성 위염에다 오른쪽 무릎도 산길 내리막에서는 신통치 못하다. 게다가 자칫하면 편도선이 부어오르고 호흡기가 약한 탓에 찬 바람만 불면 콧물까지 줄줄 흐른다. 음식을 가리지 않고 잘 먹는 편이지만 소화 기능이 좋지 못해 조금만 과식하거나 불편하게 식사하면 금세 체할 기미가 나타나곤 한다. 또 잠자리나 소리에도 예민한 편이다. 내 별명이 '삼십 년 골골'이니 말 다했다. 크게 앓은 경험은 없지만 어렸을 때부터 여기저기 아픈 적이 많았다.

그래도 열심히 걸은 덕분에 이만큼 건강해진 것 같다. 어쩌면 더 열심히 걸으라는 신호 같기도 하다. 어떤 이들은 이제 여행을 그만 다녀야 하는 것 아니냐고도 하지만, 그나마 걷는 여행을 열심히 했으니 이만큼이라도 된 것이라고 큰소리친다. 어쨌든 또다시 '골골한' 몸을 이끌고 오랜만에 새벽 버스와 지하철을 타고 청량리 기차역으로 향했다. 이번 바우길로 가는 교통편은 모처럼 타는 강릉행 무궁화호 기차다.

　정동진역과 가까운 8구간 '산 우에 바닷길'은 안인삼거리에서 시작해 전망대와 삼우봉을 거쳐 괘방산, 당집에 이르는 등산로를 걸어 정동진역까지 9킬로미터 거리의 안보등산로이다. 구간 전체가 안보등산로인데, 어딘지 모르게 딱딱한 느낌보다 '산 우에 바닷길'이라는 강원도 사투리로 길 이름을 붙이니 길의 특징이 드러나면서도 한결 다정하게 느껴진다.

　강릉 버스터미널에서 안인까지는 꽤 멀기도 하고, 아주 오랜만에 영동선 무궁화호 기차를 탈 겸 청량리에서 출발하는 일곱 시 첫차를 예약해두었다. 기차역에는 영동 쪽으로 향하는 등산객들과 젊은 커플 여행자들로 소박하게 북적거렸다. 제시간에 맞춰 도착한 언니와 기차에 올랐다.

　지난밤 봄을 재촉하는 비로 온통 촉촉해진 풍경과 흐린 하늘이 창밖으로 수없이 펼쳐지고 스쳐 지나갔다. 양평을 넘으니 저수지에서 피어오르는 물안개와 산속 운무가 뒤섞여 기차 여행의 낭만이 고스란히 느껴지고, 대학 시절 선후배들과 함께했던 MT의 추억도 새록새록 되살아났다. 기차가 주는 매력이란 이렇듯 아날로그적인 먼지 덮인 추억을 들춰내는 것이 아닐까. 그 시절 밤새도록 술을 마시며 노래하던 후배들, 자전거를 타고 강가를 달리던 동기들……. 지금은 다들 어

디서 무엇을 하나 문득 궁금해진다. 내가 그러한 것처럼 전혀 예상 못했던 방향으로 인생의 행로가 흘러 살아가고 있는 친구도 있겠지.

바우길 8구간을 함께 걸을 언니는 지난해 1월에 네팔 안나푸르나 라운딩 트레킹의 절반, 해발 4,000미터인 묵티나트 마을까지 11일을 함께 걷고 태국과 미얀마를 여행했다. 나는 여행학교 일로 겨울방학을 맞은 아이들과 한 달 정도 배낭여행을 하고 네팔에 더 머무르면서 서울에서 온 언니와 함께 또 다른 여행을 떠난 것이다.

언니와 여행을 함께하기 전에는 손에 꼽을 만큼의 안면만 있을 뿐이었고, 어떤 성격이며 어떤 여행을 하는지에 관한 정보도 전혀 없었다. 그저 스치듯 만났지만 따뜻하고 좋은 사람이라는 인상 하나만으로 석 달 남짓 동안의 동행에 선뜻 응했던 것이다. 나처럼 주로 혼자 여행하는 사람은 누군가와 함께 여행한다는 자체가 쉬운 일만은 아니다. 서로 다른 가치관과 여행 방식, 하다못해 잠자는 시간과 식성까지 모든 것이 서로 다른 사람이 석 달 넘는 기간을 함께 여행한다는 것은 어쩌면 모험에 가까운 일인지도 모르겠다.

그 과정에서 서로의 관계가 늘 순탄치만은 않았다. 누군가와 함께 여행하는 방법에 서툴렀던 나도, 제대로 된 배낭여행이 거의 처음이라고 할 만한 언니도 서로 마음 쓰고 맞추느라 힘에 버겁고 지치기도 했다. 어쩌면 서로가 상대의 방식에 맞추려는 순간부터 여행의 삐걱거림이 시작되는지도 모르겠다. 억지로 맞추기보다는 상대의 방식을 이해하고, 함께이되 서로가 각자의 여행을 꾸려가는 것이 최선일지도 모른다. 언니와도 그렇게 편해지기까지 꽤 오랜 시간이 걸렸던 것으로 기억된다.

이상한 일이지만 네팔의 묵티나트 마을로 향하는 그 척박한 길 위에서 나는 누군가와 함께 여행하고 걷는 것에 대한 고마움을 절실하게 느꼈다. 모래바람이 끝도 없이 불어오고 나무를 찾아보기조차 어려운, 고산증이 일어 묵직한 두통이 가시지 않던 그 길에서 한 걸음 한 걸음 발을 뗄 때마다 내 뒤에서 더 힘든 걸음을 묵묵히 버텨내는 언니의 모습이 너무나도 간절하고 씩씩해 보여서 덩달아 힘을 얻었던 기억이 난다. 등산에 초보인 언니를 도우면서 기뻐하는 나를, 애써 외면하던 여행의 외로움을 털고 언니에게 기대고 있는 나를 발견하게 되었다. 그렇게 힘든 길을 함께 걷고, 서로의 다른 점을 맞추려 삐걱대면서 든든한 여행 친구 하나 내 곁에 두게 된 것이다. 언니는 나의 여행에 동행할 수 있게 선뜻 허락해줘 고맙다고 했지만, 고마움을 느낀 건 오히려 나였다. 석 달 남짓의 긴 여행을 함께한 후 지금이다. 그리고 두 달 후면 다시 이 길벗과 함께 1,000킬로미터가 넘는 스페인 산티아고 길로 떠난다. 이번 바우길 여행은 그 기나긴 여정에 앞선 작은 발맞추기인지도 모르겠다.

흔들리는 기차는 어느덧 강원도로 접어들고 있었다. 경기도를 넘어서니 가장 먼저 우리를 반긴 건 산골짜기 구석구석 녹지 않은 하얀 눈이었다. 민둥산역에 도착하기 전에는 깎아지른 듯 아찔한 절벽을 덮은 눈 풍경에 여기저기 탄성이 새어나왔다.

나에게는 기차와 관련된 슬픈 사연이 하나 있다. 한 사람을 만나 사랑하고 헤어지는 지루한 사랑 얘기다. 그 사람과 만나 사귀는 시간은 그리 길지 않았다. 아니, 조금 길었는지도 모른다. 서로가 서로에게 기대는 것, 거기에 물리적인 시간의 길이는 사실 중요한 것이 아닐

지도……. 매번 내 사랑은 받는 것으로 시작해 주는 것으로 끝이 나곤 했다. 그와의 사랑도 다르지 않았다. 먼저 마음을 내민 것은 그였으나 이번에도 그가 먼저 돌아섰다.

　사랑하는 사람들이 헤어지는 이유! 온 세상을 통틀어도 그 이유는 단 하나뿐이었다. 이제 더는 사랑하지 않는다는……. 그도 그랬을 것이다. 나의 사랑은 항상 늦었다. 그가 떠나려 머뭇거리다가 자연스레 전화도 만남도 사라질 무렵, 나는 무작정 청량리역에 가 춘천행 기차표 두 장을 샀다. 아무리 생각해도 그건 무모한, 그러나 한번쯤 해볼 만한 최후의 발악이었다. 기차표 두 장을 손에 쥐고 나는 그에게 문자를 보냈다. '오후 한 시 반, 춘천 가는 기차, 오지 않으면 나도 내가 무슨 짓을 할지 몰라.'

　그건 미련한 집착이었다. 그 시간을 지나고 보니 그랬다. 기차는 떠나기 직전이었고 내 옆자리는 비어 있었다. 힐끗힐끗 창밖을 살피는 못난 내가 창문에 비친다. 사랑을 놓지 못하는 여자, 미련을 사랑이라고 착각하는 여자, 매번 늦게 사랑하고 상처받는 여자……. 기차가 서서히 움직이자 옆자리에서 익숙한 냄새와 낯익은 움직임이 느껴진다.

그가 온 것이다. 무슨 짓을 할지 모른다고 협박을 해놓고도 막상 그가 옆에 앉자 나는 한마디도 내뱉을 수 없었고 차가운 그의 얼굴을 쳐다볼 용기도 없었다.

그렇게 춘천역에 도착했지만, 춘천에 와서 어쩌겠다는 생각을 할 만한 여유도 없었다. 어쨌든 그를 붙잡기라도 해보는 것……. 하지만 막상 춘천에 도착하고 보니 무엇을 어떻게 해야 할지 도무지 알 수 없었다. 춘천역 주위를 서성이고 또 서성였다. 그는 멀리서 그런 나를 아주 못마땅한 눈빛으로 응시할 뿐이었다. 그 사람은 떠났고, 다시 돌아오지 않는다는 것을 이미 알고 있는데, 머리는 이해하지만 마음은 받아들이지 못했다. 한 시간을 서성이다 다시 청량리행 열차를 탔다. 차가운 그와 함께.

춘천으로 갔던 길을 되돌아 대성리를 지나고 양수리를 지나고 청량리. 이제 정말 모든 것이 끝났다. 짧고도 긴, 지루했던 사랑. 끈질겼던 이별의 미련한 절차를 밟고서 그는 나를 완전히 버렸고, 나는 무심한 척 집으로 향했다. 이제 그와 나는 영영 남남이었다. 애초부터 사랑이란 것은 남남이기를 거부하는 짤막한 연기였는지도 모른다. 어쩌면 기차에는 이별하는 사람들이 있는지도 몰라. 정동진으로 향하는 기차

그건 미련한 집착이었다.
그 시간을 지나고 보니 그랬다.
기차는 떠나기 직전이었고
내 옆자리는 비어 있었다.
힐끗힐끗 창밖을 살피는 못난 내가
창문으로 비친다.

에도 나처럼 이별하는 사람들이 있었을까. 그러기엔 이별의 시간이 너무 길겠지.

지그재그, 앞으로만 향하던 기차가 멈췄다가 뒤로 향한다. 태백산의 스위치백 구간에 접어든 것이다. 고지대의 산악 지형을 넘기 위해서 강원도의 도계와 나한정 사이를 지그재그로 넘어가는 운행 방법이다. 처음 이렇게 기차를 탔을 때 마냥 신기했던 기억이 떠오르는데, 운영상의 문제로 이 구간도 터널이 뚫리면 곧 추억으로 사라질 거라고 한다. 그 옛날 회색의 느릿느릿 통일호와 비둘기호 기차도 추억 속으로 사라졌듯이 말이다.

기차는 동해항을 지나 7번 국도와 나란히 바다 바로 곁을 달려 강릉으로 향하고 있었다. 참으로 오랜만에 기차를 타고 마주하는 동해 바다다. 거친 바위에 부딪치는 하얀 파도도, 새파랗게 시린 푸른 겨울 바다도 참으로 오랜만이다.

청량리역을 떠나 여섯 시간이 조금 넘어 드디어 서울 광화문의 정동쪽, 바다에서 가장 가까운 기차역인 정동진역에 도착했다. 등산객보다는 젊은 여행자가 가득하다. 바다에 취한 그들을 뒤로하고 서둘러 역을 빠져나왔다. 벌써 오후로 접어들었으니 우리가 갈 길이 한참이나 멀었다. 이른 새벽부터 서둘러 움직이느라 아침식사도 제대로 못했으니 우선은 점심부터 먹어야 했다. 역 근처 백반집에서 황태해장국으로 배를 채우고 다시 길을 나섰다.

원래는 정동진역에서 버스를 타고 안인으로 가 바우길 8구간 들머리로 향하려 했으나 한 시간에 한 대꼴로 있는 버스를 눈앞에서 놓치고 퍼뜩 든 생각이 8구간을 역으로 걸으면 좋겠다 싶었다. 등산로다 보니 길을 헤맬 이유도 없고, 다 걷고 난 후 안인에서 다시 정동진으로 오는 버스를 타면 될 일이었다. 또 바우길 화살표가 순방향은 파란색, 역방향은 노란색으로 표시되어 있어서 화살표만 잘 찾으면 길을 잃을 염려가 없어 종종 거꾸로 걷는 사람도 있다. 우리도 8구간을 거꾸로 걷기로 했다.

정동진역에서 리본을 찾아 거꾸로 안인등산로 쪽으로 향했다. 입구, 아니 끝 지점에는 내려오는 등산객이 짧게 줄을 이었다. 정동진의 유명한 등산로인지라 주말이면 관광버스를 전세해 산악회 단위로 산을 오르는 모양이었다. 길이 좁아 내려오는 사람들을 기다려가며 올라갔다. 초반부터 만만치 않은 오르막 계단이 끝도 없이 이어졌다. 시간도 늦었고 겨울이라서 행여 길을 다 걷기도 전에 해가 넘어갈까 싶어 마음이 급했다. 다행인 것은 등산로이긴 하지만 초반의 오르막길만 치고 오르면 완만한 산책길 같은 숲길이 펼쳐진다.

소나무 숲길 왼쪽으로는 끝도 없는 산봉우리가 겹겹이 펼쳐지고 있었다. 조금 다른 것이 있다면 정동 쪽이라 햇볕이 잘 들어서인지 이곳 산에는 벌써 봄기운이 피어나고 있었다. 지나왔던 길에 비해 솔잎이 더 푸르다. 그리고 소나무 아랫부분에는 새 솔잎이 연하고 부끄러운 연두색의 새살을 밀어 올리고 있었다. 봄기운이 제대로다. 때맞춰 날씨도 햇살도 마냥 좋다. 걷다 보니 더워져서 얇은 다운점퍼를 벗고 바람막이 재킷만 걸친 채 또 걷는다.

183고지를 넘어 한참 오르다 뒤돌아보니 새파랗게 멋진 바다 풍경이 등 뒤에 펼쳐져 있었다. 멀리 정동진의 썬크루즈가, 바로 눈앞에

하슬라아트월드가 보인다. 그 너머로 새파란 동해의 바다가 넘실거리고 있다. 이러니 '산 우에 바닷길'로 안성맞춤 아닌가. 산길을 걸으면서 양옆으로 바다와 산을 동시에 끼고 있으니 이만한 등산로를 찾기도 쉽지 않은 일이다. 남쪽에서 북쪽을 향해 역방향으로 가다 보니 해를 등지게 된다. 아직은 겨울 기운이 남아 있어 오르막길은 쉬워도 내리막 북쪽 경사면에는 여전히 눈이 녹지 않은 곳이 종종 있어 미끄럽기도 했다.

　오르내리기를 반복하며 한참을 걷다 보니 마주 오는 등산객들의 패션도 다양하다. 근처에서 산책 삼아 올라온 것 같은 간편한 차림부터 화려한 색상에 온갖 장비를 다 갖춘 등산객까지 가지각색이다. 그중에서도 커다란 가방에 텐트와 매트리스까지 지고 올라가는 아저씨가 있었는데 아마도 야영을 하며 산에 오르는 모양이다. 혹시 왼쪽으로 펼쳐진 산줄기인 울트라 바우길로 향하는 것은 아닐까. 나도 울트라 바우길을 걷고 싶은 마음이 간절하지만, 길 안내도 그렇고 아직 그곳엔 눈이 가득 남아 있어 장담할 수 없다.

　당집을 지나 벤치에 앉아 바다를 바라보며 잠시 휴식. 봄 날씨처럼 포근하고 목 상태가 좋지 않아서인지 제법 목이 마르다. 과일을 먹고 물도 마시면서 바다를 내려다보며 즐기는 짧은 휴식이 그야말로 낙원이다. 함께한 언니도 지난겨울 지리산 종주를 끝으로 오랜만에 걷는 여행이라서 종아리가 뭉치는지 다리를 토닥여가며 천천히, 그리고 말없이 걷는다.

다시 걷는다. 등명락가사로 향하는 임도를 지나고 통일공원으로 가는 갈림길도 지나 안인에 점점 가까워지고 있었다. 마지막 오르막길을 오르니 넓은 데크와 전망대가 있다. 이곳에서 패러글라이딩도 한다니, 바다를 보며 하늘을 나는 기분은 어떨까 싶다. 나도 한때는 패러글라이딩을 배우러 주말마다 평창으로 가곤 했는데 짜릿한 기분만큼이나 공포감이 커서 중도에 포기하고 말았다. 처음 하늘을 날던 그때가 아직도 생생하다. 열심히 발돋움하여 달리다 보면 어느새 나도 모르게 허공에서 헛발질하고 있다. 땅에서 두 발이 온전히 떨어진 순간이다. 그리고 시야에 가득 담기는 발밑 강과 산, 그리고 마을……. 그야말로 하늘에서 바람을 가르며 홀로 날고 있다. 가슴이 뻥 뚫릴 것 같은 시원한 창공에서 맛보던 자유를 잊을 수가 없다. 아마 바다를 보며 날고 있다면 그 자유가 더 강렬하지 않을까.

넓은 데크, 이곳에서 마지막 휴식을 한다. 이제 해가 뉘엿뉘엿 산 능선에 닿을 무렵이라서 바람도 제법 차가워지고 있었다. 벗어두었던 다운재킷을 다시 입고, 바람막이를 배낭에 넣었다. 이제 정동진보다는 안인이 바로 눈앞이다. 이어지는 좁은 내리막 숲길을 걸어 짧은 계단을 내려가니 오늘의 목적지인 안인삼거리에 도착했다. 지난 한 주를 쉬기도 했고 몸 상태가 좋지 않았던 탓인지 평소보다 가볍지 않은 발걸음이었다. 목이 따끔거리고 콧물도 나와 걷는 내내 불편하고 번거로웠다.

이제 다시 버스를 타고 정동진으로 향하면 된다. 버스정류장을 향해 가는데 운 좋게도 정동진으로 향하는 버스가 멀리 보인다. 인심 좋은 기사 아저씨는 손만 들어도 친절하게 여행자들을 맞아준다. 서울에서는 상상할 수도 없는 풍경이다. 해안도로를 따라 등명락가사, 통일공원을 지나 정동진에 도착했다. 버스를 타면 이렇게 금방인데 오후 내내 걸었으니 조금은 허무하기도 하지만 두 발로 걸었다는 자체만으로도 대만족이다.

 땀을 제법 흘렸으니 우선은 따뜻한 방과 샤워가 먼저다. 걸으며 이것저것 간식을 챙겨 먹어서 아직 배는 고프지 않아 방에 먼저 들어갔다. 비수기라서인지 빈방이 많고 가격도 저렴한 편이다. 바닥이 뜨끈하지는 않지만 우선 짐부터 풀었다. 그래도 뜨거운 물은 잘 나오니 온몸의 근육이 '나 살려라' 한다.

 늦은 저녁, 한 식당을 찾아들어 생태탕을 주문했다. 맛은 그저 그랬지만 뜨거운 국물이 들어가니 속이 든든하다. 식사를 마치고 다시 동네를 한 바퀴 돌아 방으로 돌아왔다. 따뜻하게 전기장판을 깔고 누워 지도를 펼쳤다. 내일이면 바우길 남쪽 끝인 9구간 옥계로 향한다. 콧물이 비 오듯 쏟아져서 이만저만 걱정이 아닌데 일기예보는 영동 지역에 비나 눈이 내린다고 하니 한숨부터 나온다. 아, 어쩜 이렇게 날씨 운이 없는 걸까. 내가 지은 죄가 커 비구름을 몰고 다니는 건 아닌가 싶은 자책까지 하게 된다. 늦은 시간에도 끊이지 않는 옆방의 소음에 자다 깨다를 반복하며 겨우겨우 잠자리에 들었다. 제발, 내일 큰비만 내리지 않았으면 하는 소망만이 가득해지는 밤이다.

9구간
헌화로 산책길

거리 약 14km　시간 약 5시간

코스 정동진역-모래시계공원-하얀미소펜션-산길-전망대-심곡항-헌화로-금진항-금진초교-솔숲길-여성수련원-옥계 해변-가평들-낙풍리 입구 버스정류장-옥계면사무소

교통 자가용 **서울** 영동고속도로-동해고속도로-남강릉IC-7번 국도 삼척 방향-정동진, 영동고속도로-강릉IC-7번 국도-안인항-정동진역, 영동고속도로-동해고속도로-옥계IC-7번 국도 강릉 방향-정동진

삼척 동해고속도로-옥계IC-7번 국도 강릉 방향-정동진

대중교통 **시내버스** 강릉↔정동진 109, 110, 111, 112, 113번 수시 운행

헌화로 산책길 **코스 지도**

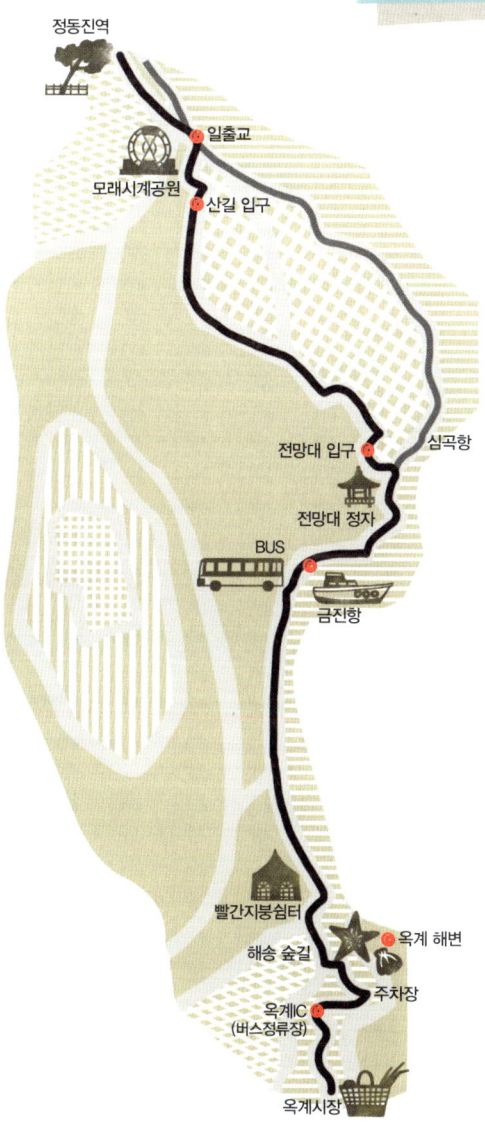

비, 바람, 파도 그리고 나의 느린 걸음

어제 8구간 '산 우에 바닷길'을 거꾸로 걷고서 허벅지도 뻐근하고 감기 기운이 있어 일찌감치 자리에 누웠지만, 한겨울 비수기라 조용할 것 같았던 숙소는 밤늦도록 여행자들의 잦은 발소리와 옆방의 소음으로 자다 깨다를 반복해야만 했다. 그렇잖아도 몸 상태가 별로인데 잠자리까지 불편하니 아침에 눈을 떠서도 그리 상쾌하지가 않다.

일출을 볼 수 있을까 싶어 바다가 보이는 창문 옆에 이불을 깔고 누워 잠을 잤지만, 일기예보에 따르면 8센티미터에 이르는 눈이나 비가 영동 지역에 예상된다니 일출은커녕 9구간을 제대로 걷는 것조차 불가능한 것은 아닐까 걱정하며 잠이 깼다. 아니나 다를까, 하늘은 온통 회색 구름이 가득했다. 구름은 가득하지만 아직 빗방울이 떨어지지 않으니 우선 길을 나서기로 했다.

배낭을 꾸리고 등산복을 챙겨 입고 정동진역 쪽으로 향했다. 오늘은 걸으며 점심 먹을 만한 곳이 있어서 아침을 빵으로 간단하게 때웠다. 정동진에서 밥을 먹지 않은 이유가 하나 더 있는데, 안타깝게도 정동진 밥맛이 별로였기 때문이다. 어제 점심, 저녁 두 끼를 먹긴 했지만 도통 맛이 없다. 많은 여행자가 오가는 곳이라 맛집까지는 아니어도 그럭저럭 괜찮은 밥집이 있을 법도 한데, 입맛이 까다롭지도 않은 내가 보기에도 정성이 의심스러울 정도였다. 열심히 걷고 난 후라서 밥맛이 당길 만한데 반 공기를 넘기지 못하고 남겼으니……. 음식을 정성스럽게 하지 않아도 많은 여행객이 몰리는 탓일까. 바닷가 주변도 지저분하고, 해변의 공사 현장도 엉망이다. 한때 유명세를 떨치다가 이제 그 유명세를 잃어가는 것이 아닌가 싶어 아쉬움이 남는다.

정동진역 앞을 지나니 오래전에 왔던 여행이 떠오른다. 1996년에 고등학교 3학년 수능시험을 마치고 친구 둘과 함께 청량리역에서 무궁화호 영동선 밤 기차를 타고 정동진으로 왔다. 태어나 처음으로 멀리 떠나는 여행이었다. 그것도 친구들과 함께. 그때만 해도 기차를 여행이나 교통수단으로 이용하는 사람이 많았던 때라 한겨울 밤 기차라고 해도 기차는 꽉 찼다. 기차를 타고 느리게 여행하는 걸 좋아해 그 여행 이후 어른이 되어서도 여기저기 많이 다녀봤지만, 영동선만큼이나 투박하면서도 세심하고 인간적인 풍경을 가진 노선이 드물다. 강원도의 깊고 험한 산골 구석구석에 사람을 태우고 사연을 실어 기차가 흐른다.

입시를 치르고 성적표를 기다리며 홀가분하게 떠나는 여행. 밤새 친구들과 수다를 떨고, 옆자리 대학생으로 보이는 오빠들과 게임도

하고, 달걀과 사이다도 먹으면서 정동진으로 향했다. 해가 뜨기 전 도착한 정동진 바닷가에서 떠오르는 해를 보았는지 못 보았는지는 기억나지 않는다. 그저 집과 학교를 떠나 길을 떠났다는 것과 학창시절의 종지부를 찍듯 치른 입시에서 우선 벗어났다는 해방감만으로도 매우 벅찬 시간이었다.

서울 광화문의 정동향 끝인 정동진에서 바다를 만나고, 길은 다시 기차를 타고 경주로, 부산으로 이어졌다. 학생이라 여행비가 넉넉지 않았던 우리는 지방에 있는 친척 집에 가 잠도 자고 밥도 얻어먹으며 돌아다녔다. 그렇게 며칠 남쪽을 돌아 서울로 돌아오기 전 마지막으로 들렀던 서해 대천에서는 친구의 친한 오빠가 다니는 교회 뒷방에서 잠을 자기도 했다. 지금 생각하면 어쩜 그렇게 뻔뻔하게 여행을 다녔나 싶기도 하다. 어쩌면 그 여행이 내 여행길의 첫걸음이 되었는지도 모른다. 그렇게 긴 여행을 함께 떠났던 두 친구는 여전히 내 곁에 좋은 친구로 남아 있다. 한 명은 지난번 바우길 6구간을 함께 걸었던 친구이고, 다른 한 친구는 유부녀 신분이라 함께 길을 떠나지는 못하고 가끔 서울에서만 만난다. 그 이후로도 우리는 함께 길을 떠났지만 그 시절처럼 무턱대고 계획 없이 길을 나서지는 못했다. 함께 비행기를 타고 나라 밖으로도 떠나자고 했지만 그 약속은 아직 지키지 못했다. 정동진 기차역 덕분에 아침부터 잃어버렸던 옛 여행을 떠올리며 걸었다.

정동진역에서 시작하는 9구간은 심곡, 금진까지 이어지는 헌화로를 걸어 옥계에 이르는 14킬로미터의 '헌화로 산책길'이다. 정동진역 굴다리를 건너 정동진 해안에 들어섰다. 백사장을 걸으니 부슬부슬 비가 내리기 시작한다. 거세고 높은 파도 몰아치는 바다는 TV로 보았

정동진역 굴다리를 건너
정동진 해안에 들어섰다.
백사장을 걸으니 부슬부슬
비가 내리기 시작한다.

던 평화로운 정동진 바다가 아니다. 오랜만에 정동진을 찾았는데 바다가 반겨주질 않는 모양이다. 백사장 옆에 자그마한 공원이 있는데 일명 모래시계공원. 이곳에는 동그랗고 커다란 모래시계가 하나 있는데 바우길은 이 시계 옆을 지난다. 2000년 1월부터 움직인 시계는 '새천년 모래시계'라고 불리며 해마다 일 년 동안의 시간만큼 모래가 위에서 아래로 흐른다. 한 해의 마지막 날이면 사람들이 모여 밤 열 시에서 열두 시 사이에 모래를 돌려놓는다고 한다. 시계 밑으로 지나는 철로는 끝없이 이어지는 시간의 흐름을, 시계 윗부분의 모래는 미래의 시간을, 아랫부분의 이미 흘러내린 모래는 과거의 시간을, 지금 흘러내리고 있는 모래는 현재의 시간을 나타낸다. 그리고 둥근 모양의 시계는 동해의 떠오르는 해를 상징한다고 한다.

거친 파도의 정동진 해변을 거쳐 길은 다시 바다로부터 멀어지고 있었다. 산 능선 위에 얹힌 커다란 배 모양의 정동진 썬크루즈로 향하는 도로를 따르다가 오른쪽 산길로 접어들었다. 기마봉 등산로의 일부를 타고 가나 보다. 길은 좁다란 숲길로 한참 동안 오르막이다. 소나무 말고도 여러 종류의 나무가 있어 지금까지 걸어왔던 길과 느낌이 다르다. 오르막이지만 돌이 별로 없고 흙과 나뭇잎의 폭신한 길이 이어져 걷기에도 큰 어려움이 없다.

오르막길을 걸으며 가빠지는 심장 박동처럼 빗줄기도 점점 굵어지고 있었다. 잠시 멈춰 황급히 카메라를 배낭에 넣고 방수 커버를 덮고는 재킷의 모자를 매만지며 다시 길을 나섰다. 아직은 생활 방수 기능이 있는 바람막이로도 가능한 날씨다. 뒤따라오던 언니도 비가 반갑지 않은지 서로 말없이 숲길을 올랐다. 이렇게 모진 날씨에 혼자 산길

영동선만큼이나 투박하면서도 세심하고,
인간적인 풍경을 가진 노선이 드물다.
강원도의 깊고 험한
산골 구석구석에 사람을 태우고
사연을 실어 기차가 흐른다.

을 걷는 것보다야 함께 걸을 친구가 있다는 것만으로도 위안이 되고 힘이 된다.

　모산봉으로 향하는 등산로를 걸으며 226봉에 이르니 길은 다시 내리막이다. 바다를 향해 심곡으로 향하는 것이다. 오를 때보다 빗줄기가 더 굵어지고 바람도 거세졌다. 뒤에서 걷던 언니를 보니 바지가 허벅지까지 다 젖었다. 가던 길을 멈추고 급하게 비옷을 꺼내 입었다. 이렇게 비가 많이 오면 옥계까지 걷기는 무리가 아닐까. 우선 이른 점심을 먹을 심곡까지는 가보기로 한다. 잠시 도로를 만났다가 좁은 임도를 거쳐 심곡에 내려섰다. 심곡에 도착하면 딱 세 군데의 식당이 여행자를 반기는데 그중에서도 우리는 옹심이로 유명한 집에서 이른 점심을 먹을 계획이었다. 그런데 아직 시간이 일러서인지 가려던 집이 문을 열지 않아 옆에 있는 옹심이집으로 향했다. 감자전과 옹심이를 주문하고 젖은 옷을 닦아내며 축축한 몸을 말렸다.

　드디어 기다리던 옹심이가 나왔다. 시내에서 맛보았던 쫄깃하고 감칠맛 나는 옹심이는 아니었지만 뜨끈한 국물만으로도 위로가 되는 점심이었다. 빗줄기가 잦아들기를 기다리며 천천히 식사하고 느긋하게 앉아 있으니 창밖으로 빗줄기가 줄어드는 것이 보였다. 언니랑 얘기해 저 정도 비라면 길을 나서도 괜찮겠다는 결론을 내렸다. 심곡 이후는 큰 도로를 따라 걸으니 비가 더 많이 오면 그만두고 버스를 타면 되니까 다시 길을 걷기로 했다. 우리 얘기를 듣던 식당 아들이 옥계까지 빠른 걸음으로 한 시간이면 도착한다고 하니 더욱 용기가 생긴다.

　다시 길을 나서 바다 쪽을 향해 걸었다. 원래 구간은 도로에서 오른쪽으로 벗어나 산 쪽 전망대인 헌화정으로 향해야 하는데 꼭대기로

향하는 길과 내리막길이 비에 미끄러울 것 같아 곧바로 큰길로 향했다. 헌화정에서 내려다보는 헌화로의 모습은 분명히 아름다울 테지만 어쩔 수 없는 노릇이었다. 괜한 욕심 부렸다가 사고라도 나면 안 되니 첫째도 둘째도 안전이 먼저다. 바닷길로 향하려니 바람이 정말 매섭고 차다. 영동 지역에 8센티미터의 대설 예보가 있었는데 이 기운이라면 오후에는 눈이 펑펑 내리지 않을까 싶다. 다시 멈춰 바람막이 안에 옷을 껴입고 둘 다 비옷을 단단히 여미 입었다.

 바다 바로 옆 헌화로 인도에 올라서니 파도 소리가 예사롭지 않다. 언니와 주고받던 대화도 더는 들리지 않아 서로 말없이 여러 모양의 기이한 바위들을 보며 헌화로를 따라 걸었다. 철썩! 하마터면 높은 파도가 인도로 밀려올 판이었다. 아찔! 겁부터 났다. 한없이 고요하던

바다도 이렇게 날씨가 궂으면 언제 그랬느냐는 듯 매섭기만 하다.

헌화로가 생긴 것도 그리 오래되지 않았다. 1999년 심곡항에서 금진항까지 2.4킬로미터 도로를 해안가에 개설하고 이름을 공모하여 '헌화로'라고 붙였다. 〈삼국유사〉에 〈헌화가〉라는 노래가 나온다. 수로부인의 아름다움에 반해 몰고 가던 소를 버려두고 해안 절벽의 꽃을 꺾어 바친 노인의 사랑을 노래한 그것이다. 그러나 실제로 〈삼국유사〉에 나오는 〈헌화가〉의 헌화로는 삼척에 있다고 한다.

한반도에서 바다에 가장 가까운 길답게 바다 바로 옆 굽이진 도로를 걷는 느낌은 걸어본 사람만이 알 것이다. 차를 타는 것도, 기차를 타는 것도 아닌 두 발로 파도와 굽은 길을 씩씩하게 걸어가는 느낌이랄까. 비가 와서인지 멋진 풍경보다도 비를 맞으며 꿋꿋이 걷는 내 모

습이 더 크게 다가온다. 날씨 좋을 때 햇살 받으며 느긋이 걷거나 드라이브 코스로 들러도 제일이지 싶다. 길을 가다 보니 오른쪽 산에 합궁골이라는 골짜기가 나온다. 음양의 조화를 이루며 동해의 기운을 받는다는 소문에 자녀를 구하는 기도가 끊이지 않고 이루어지던 곳이라고 한다. 남성과 여성을 상징하는 바위와 골짜기의 모습이 딱 맞아떨어져 속으로 웃음이 나온다.

　멀리 바위 위에는 바다로 떨어지는 비를 온몸으로 맞으며 바람에 맞선 바다 갈매기가 한 무리 있었다. 어쩐지 처량해 보이기도 하지만 이렇게 비와 바람에 맞서며 걷고 있는 우리 모습과 별반 다르지 않아 동질감이 느껴졌다. 아마도 지나가던 차에서 비옷을 입고 이 비와 바람 속을 걷는 우리를 보면 딱하게 여겼을 것이 틀림없다. 비 오는 날 이게 무슨 고생인가 싶어 속으로 기운 빠진 웃음이 나온다. 하지만 이것도 다 경험이니 그리 억울할 것도 없다. 걷기 싫으면 안 걸으면 되지, 내가 선택해 떠나온 길 아닌가. 아무나 비 오는 날 바다 옆을 걷는 건 아니니 기운을 내서 걸으면 그만이다.

　굽이진 길을 도니 금진항이 나타난다. 항구이지만 파도가 거세고 한겨울이라 포구의 분주한 모습 없이 한적하기만 하다. 다른 해변과는 다르게 몽돌밭이 있는 금진 몽돌해수욕장 곁을 지난다. 떼루루 구르는 돌맹이 소리가 파도에 파묻힌다. 빗줄기가 점점 더 거세져 얼굴 위로 또록또록 빗방울이 떨어진다. 거기에 더해 지금까지 잘 닦여진 인도가 사라지고 옥계 입구까지는 차가 달리는 도로 옆에 붙어 걸어야 해 길도 위험하고 지나가는 차가 빗물도 튀기는 험난한 길이다.

　옹심이 식당 아들의 말처럼 한 시간을 걸었을까. 옥계 초입에 들어섰다. 빗줄기가 거세져 되돌아갈까 하여 버스정류장에서 시간표를 보니 두세 시간에 한 번꼴로 버스가 있다. 무작정 기다리기보다 차라리 걷는 편이 낫겠다 싶어 다시 길을 나섰다. 언니도 나도 말이 부쩍 줄었다. 쏟아지는 비에 날씨까지 점점 추워지니 그럴 만도 했다. 옥계에 들어서니 식당 아들의 말 때문이었는지 바우길 9구간의 끝이 코앞인 것 같았지만, 길은 다시 바다를 벗어나 한국여성수련원 앞 솔숲으로, 다시 옥계 바다에서 옥계 마을 중심으로 끝도 없이 이어지고 있었다. 끝은 어디인지, 끝없이 퍼붓기만 하는 이 비와 기나긴 길이 야속하기만 하다. 도로 옆 밭길을 지나 7번 국도를 만났다. 큰길을 두세 번 건너야 하므로 각별한 주의가 필요한 곳이다. 차가 인정사정없이 쌩쌩 달리는 곳이니 조심 또 조심해야 한다. 길은 다시 큰길을 버리고 마을과 밭길을 가로지르며 옥계초등학교에 이르렀다.

이쯤 오니 정동진으로 돌아갈 교통편이 걱정이었다. 정동진을 떠나는 오후 마지막 기차라 아직 시간은 충분하지만, 날이 추우니 마냥 버스를 기다리기도 어려운 상황이었다. 이럴 땐 도움이 필요하다. 강릉종합관광안내소로 전화를 걸어 옥계에서 정동진으로 가는 버스 시각을 물었더니, 맙소사! 하루에 세 번 버스가 있는데 한 시간 전에 막 떠났다고 한다. 다음 버스는 저녁 여섯 시에나 있다나? 버스를 타고 강릉역으로 가거나 택시를 타고 정동진으로 가는 방법이 전부였다.

고민하면서 걸으니 오늘 9구간의 끝 지점인 옥계면사무소에 도착했다. 이렇게 힘난하게 비와 바람에 맞서 걸으며 강릉시의 남단 마을까지 걸어 도착한 것이다. 옥계 밑으로는 동해시에 접어드니 남쪽 바우길은 이곳에서 끝나고 10구간은 다시 강릉 중심부로 옮겨야 한다.

비바람에 춥게 걸었으니 따듯한 기운이 무엇보다도 절실하게 필요하다. 옥계 시내에 있는 편의점으로 들어가 뜨거운 커피 한 잔을 마시니 이제야 고단한 걸음이 끝났다는 안도감이 밀려온다. 강릉으로 가는 버스도 아직 한 시간을 기다려야 하는 상황이라 오늘은 빗길에 고생도 했으니 편하게 택시를 타고 다시 정동진으로 향하기로 했다. 휘리릭 택시를 타고 빠르게 지나가는 창밖으로 우리가 걸어온 길이 순식간에 스쳐 지나간다. 빗길에 쉬지 않고 열심히 걸었는데 겨우 몇 분 만에 다시 제자리로 돌아가다니 어쩐지 조금은 억울하고 섭섭하다.

빠르게 걸은 덕분에 기차 시각을 당길 수 있었다. 몸이 젖어 오래 기다리기도 어려웠는데 표가 여유 있어 다행이었다. 기차역에는 서울로 돌아가려는 젊은 여행자들과 정동진의 드라마 촬영 현장을 찾은 중국 관광객들이 가득하였다. 간단하게 이른 저녁을 먹고 다시 역으로 오니 강릉역을 떠나 정동진으로 들어오는 기차가 플랫폼에 모습을 드러냈다. 여간 반가운 게 아니다. 여전히, 아니 더더욱 비바람은 거세고 매몰차다. 기차에 올라 자리를 찾아 따듯한 곳에 앉으니 피로감에 나도 모르게 잠이 들어 두 시간을 깨지 않고 내리 잤다. 이제야 좀 살 것 같다.

언니도 나도 빗길에 참 고생스러운 걸음이었다. 아마 서로가 없었더라면 도중에 포기하고 되돌아왔을 것이 뻔하다. 역시 든든한 길동무는 고마운 존재다. 무사히 빗속을 뚫고 끝까지 걸은 기념으로 오징어를 안주 삼아 맥주 한 캔을 마시니 날아갈 듯 뿌듯하다. 스페인 산티아고 도보 여행길은 이에 비해 더하면 더했지 덜하지는 않을 거라며 언니와 나는 걱정도 잠시, "못 걸으면 비 구경이나 실컷 하고 다시 걸으면 되지"라고 대책 없는 자신감으로 앞선 걱정을 그쳤다. 서울로 향하는 느린 기차 창밖으로 그보다 더 느린 나의 걸음이 겹쳐진다.

비를 맞으며 온종일 걸었더니 콧물이 쉴 새 없이 흘러내리고 목이 따끔거린다. 제발 감기가 심해지지 말아야 할 텐데……. 훌쩍훌쩍, 그렇게 다시 서울로 돌아왔다. 일기예보를 보니 우리가 떠나온 이후로 강릉 지역에 눈이 펑펑 내렸다고 한다. 누가 믿을까, 3월의 끝자락 서울은 봄기운이 완연한데 온종일 비를 맞고 입김 호호 불며 바닷길을 걸었다면……. 그것도 누가 시켜서 하는 것도 아니고 스스로 선택해서 말이다. 궂은 날씨 속에서도 왜 그렇게 걷는지, 그 답은 걷는 사람만 알고 있지 않을까.

다시 돌아온 서울, 이곳은 봄을 기다리는 사람들의 총총걸음으로 여전히 분주하다. 바로 어제의 일인데 지나온 길들, 느린 걸음과 흔들리는 기차가 벌써 아득해지려 한다.

10구간
심스테파노 길

거리 약 11km **시간** 약 5시간
코스 명주군왕릉-영동고속도로 강릉휴게소-솔바위-법륜사-골아우-위촌리-송양초교
교통 자가용 **서울** 영동고속도로-횡계IC-출구에서 우회전-삼거리 좌회전-옛 영동고속도로-대관령휴게소(하행)-강릉 방향-보광리 좌회전-보광교-명주군왕릉 주차장
강릉·속초·삼척 금산IC-옛 영동고속도로-보광리(보현사) 방향 좌회전-삼거리 좌회전-명주군왕릉
대중교통 **시내버스** 502번
강릉→보광리 06:00, 07:10, 09:05, 11:05, 13:05, 15:10, 17:10, 19:07, 21:10(공휴일 막차 운행 없음)
보광리→강릉 06:45, 07:55, 10:05, 12:05, 14:05, 16:05, 18:05, 20:05, 21:55(공휴일 막차 운행 없음)

심스테파노 길 코스 지도

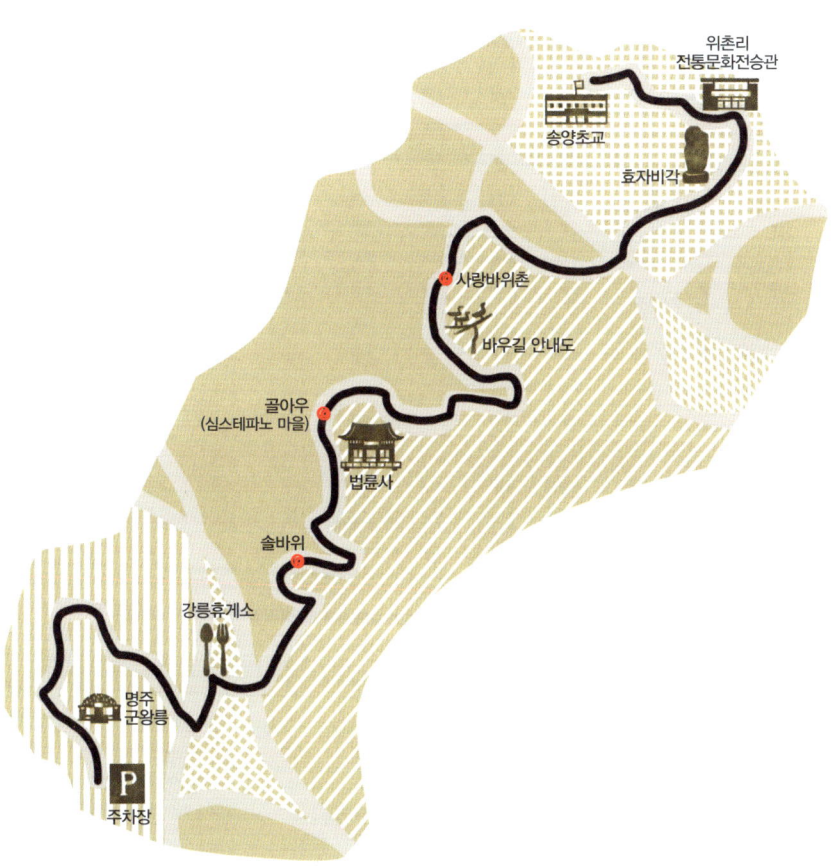

자유로운 만큼
외로운 걸음

창밖으로 어렴풋이 스며든 햇살에 휴대전화 알람이 울리기도 전에 눈이 떠졌다. 피곤해서 잠을 푹 자고 났더니 몸은 한결 상쾌한데 새끼발가락과 둘째발가락이 조금 아프다. 지난밤에 샤워만 하고 잠에 곯아떨어졌는데 아마도 어제 걷고 난 후 밤사이 물집이 생겼나 보다. 앉아서 구석구석 살펴보니 둘째발가락에 새끼손톱 반절만 하게, 새끼발가락에 팥알만 하게 물집이 생겼다. 발에 생기는 물집은 땀에 젖은 부분이 다른 부위나 신발과 마찰을 일으키면서 나타나는데, 물집이 커질수록 여간 고통스러운 게 아니다.

나의 물집 제거 방법은 간단하다. 우선 물집을 짜내는 데 필요한 준비물로는 깨끗한 이쑤시개 몇 개와 면봉이나 휴지, 손톱깎이만 있으면 된다. 어떤 이들은 바늘과 실을 이용해 물집을 짠다는데, 바늘 자체가 금속성이라서 깨끗하게 소독을 하지 않으면 파상풍 위험이 있어 나는 깨끗한 일회용 이쑤시개를 이용한다. 우선 발을 깨끗하게 씻고 말린 후에 이쑤시개나 손톱깎이를 이용해 물집 부위를 전부 뜯어낸다. 그런 후 면봉이나 휴지로 물기를 말끔히 닦아내면 끝. 그리고 중

 요한 건 되도록 밴드를 붙이지 않고 말려 물이 생기지 않게 하면 상처가 금방 아문다. 잠들기 전 이렇게 물집을 짜내면 다음 날 걷는 데 크게 지장이 없다. 큰 물집이라면 밤새 잘 말리고 다음 날 밴드나 물집 방지 테이프를 붙이면 된다.

 물집 얘기가 나와 떠오르는 게 스페인 카미노 데 산티아고 길을 걸을 때였다. 걷는 거리가 800킬로미터에 달하다 보니 얼마나 많은 물집이 생겼다가 없어졌는지 모른다. 한 군데 생겨서 짜내면 또 반대쪽에 생기고, 아물 만하면 또 새롭게 물집이 생기곤 했다. 그도 그럴 것

이 하루에 꼬박 여섯 시간 이상을 한 달 가까이 걸었으니 발이 '절규'하는 것도 어쩌면 당연한 일. 어느 날엔 걷기 전에 조목조목 물집을 잘 닦고 말려도 걷기 시작해 오후가 되면 어김없이 물집이 생기곤 했다. 작은 물집이라면 심하게 아프지 않지만 크기가 더해지면 그 고통도 이루 말할 수 없다. 그럴 때는 인정사정 볼 것 없다. 배낭을 길 위에 내려두고 신발, 양말 다 벗고 물집 제거 집도 의사가 될 수밖에. 처음에는 이렇게 길 위에서 양말을 벗고 물집을 짜내는 일이 창피했으나 이력이 붙으니 창피고 뭐고 소용없어지게 된다. 내 발이 소중하고, 계속 길을 걸어야 하니 말이다.

새끼발가락과 둘째발가락에 생긴 물집을 정성스레 짜내면서 속으로 중얼거렸다. '아이고, 불쌍한 내 발아! 주인 잘못 만나서 네 고생이 이만저만 아니다. 고맙다, 씩씩하게 걸어서.'

오늘 걸을 10구간은 '심스테파노 길'이라는 이름이 붙은 코스로, 군주명왕릉에서 시작해 삼왕사, 솔바위, 법륜사, 골아우를 거쳐 위촌리의 송양초교까지 이어진다. 9구간에서 길이 이어지지 않고 3, 4구간의 들머리가 되는 군주명왕릉에서 시작하는 길이라 4구간을 걷고 10구간을 걷기로 했다.

아침 햇살 머금은 군주명왕릉에 도착해 가볍게 몸을 풀었다. 오늘은 햇살이 따듯한 걸 보니 날씨가 어제보다 춥지 않다. 나는 걷기 전에 꼭 스트레칭을 해서 몸의 근육을 풀고 긴장을 누그러뜨린다. 겨울이라서 몸이 굳어진데다가 잘 풀리지 않은 다리로 걷다가 발목이라도 삐끗할까 봐 늘 하는 시작운동이다. 머리부터 발끝까지 골고루 풀어준다. 적절한 준비운동이야말로 걸을 때 부상을 막을 수 있는 가장 중요한 예방법이다. 또 걷기가 끝나고 숙소로 돌아와서도 몸을 씻고 반드시 마무리 스트레칭을 한다. 그러면 다리에 알이 배기지 않고 다음 날 일어나면 몸이 가볍다. 걷기 전과 후에 반드시 스트레칭을 해보라. 몸 상태가 달라짐을 온몸이 알아차릴 테니까.

군주명왕릉을 떠나 3, 4, 10구간의 갈림길에서 임도를 벗어나 이름 모를 낮은 산으로 향했다. 산등성이에 서니 반대편에 대관령 일대의 눈 덮인 능선이 넘실넘실 춤을 추고 있었다. 이 근처의 바우길 1~4구간은 어디에서도 대관령 일대의 백두대간이 눈에서 벗어나지 않는다. 크게 심호흡하고 길을 걸으니 햇볕도 따사롭고 바람도 차지 않아 걷기에 딱 좋은 날씨다.

10구간 심스테파노 길의 명칭은 조선 말기 병인박해 때 순교한 천주교 신자 심스테파노의 이름을 따서 지었다. 당시 지리적 여건상 영동 지방에는 순교 성지가 없었던 것으로 알려져 있었으나 바우길 탐사 과정에서 역사의 현장임을 밝혀냈고 그가 살던 마을을 심스테파노 마을로, 그 길 이름을 심스테파노 길이라 부르기로 했다. 병인박해는 조선 말기 흥선대원군의 대규모 천주교 탄압을 이야기한다. 당시 6,000여 명의 신도와 선교사들이 처형된 사건이었고, 이곳도 예외는 아니어서 심스테파노도 탄압을 받은 것이다. 천주교 신자들에게는 종교적인 감회가 새로운 길이 아닐까 싶다. 그러니 순례하는 마음으로 이 길을 걷게 되지 않을까.

나지막한 산길을 내려가니 눈앞으로 영동고속도로가 지나고 있었다. 지하보도를 이용해 고속도로 건너편으로 향했고 길은 다시 산으로 이어졌다. 나뭇잎 가득한 오솔길이 꼭 낙엽 지는 가을인 것만 같다.

바람도 그리 차지 않으니 걷기에 더할 나위 없는 조건이었다. 걷다가 바우길 표지판과 함께 넓은 바위를 만났다. 이곳이 바로 솔바위. 널따란 바위와 소나무가 절묘하게 어울리고 나무 뒤에서 해가 반짝반짝 비추고 있었다. 이곳에 올라 강릉시를 한눈에 내려다보면 가슴이 뻥 뚫릴 것만 같은 시원함이 느껴져 탄성이 절로 나온다. 바위에 앉아 따듯하게 우려낸 둥굴레차를 마시고 간식도 먹으면서 차분하게 쉬엄쉬엄 길을 걷기로 했다.

솔바위를 지나면 급경사의 내리막길이다. 딱 보기에도 위험해 보이는데, 아니나 다를까 내려가는 내내 밧줄이 묶여 있다. 조심조심 한 발 한 발 내딛지만 영 진도가 나가질 않는다. 급경사의 내리막길이고 나뭇잎 아래 군데군데 얼음이 있어 자칫하면 미끄러지기 십상이다. 그렇잖아도 미끄러질 뻔한 아찔한 순간을 여러 번 넘기고 있었다. 흙길을 내려오니 계곡으로 내리막길이 이어지고 있었다. 온몸의 신경을 잔뜩 세운 채 발걸음을 옮겼다. 이 길을 걷고 있자니 '이래서 순례길 같다'는 생각이 절로 들었다.

내리막길이 끝나고 나지막한 산 끝에서 아스팔트 도로를 만났다. 오랜만에 보는 아스팔트라 반갑다. 그 길 끝에 법륜사라는 자그마한 절이 있다. 불경 소리가 밖으로 흘러나오고 있었다. 절을 지나 한참 걸으니 몇몇 집이 모인 작은 마을이 나타난다. 이 마을이 골아우, 바로 심스테파노가 살던 마을이라고 한다. 종교 박해로부터 몸을 피해 이 작은 산골 마을에 숨어 지낸 심스테파노의 마음이 어땠을지 어렴풋이 상상해본다.

다른 구간에 비해 좀 더 힘들었던 만큼 오늘은 길동무가 없었더라면 꽤 외롭고 고된 길이 되었을 것이다. 비록 성격상 많은 대화가 오가지 않고 멀찌감치 떨어져 각자의 걸음을 옮기고 있더라도 벗이 있어 든든하고 씩씩한 걸음이 될 수 있었다.

나는 걷기 여행을 주로 혼자 다녔다. 물론 혼자 떠나는 여행이 좋았기 때문이다. 걷고 싶을 때 걷고, 무리하지 않고, 누구의 눈치도 보지 않고, 걷고 싶은 만큼만 걸을 수 있으니 좋았다. 마음 가는 대로 먹고, 자고, 쉬고 싶을 때 쉬고……. 그야말로 나에게 주어진 무한 자유를 마음껏 누리는 것이다. 그런데 자유로운 만큼 외로움도 짙다. 그건 여행에서만이 아닐 것이다. 홀로 떠나는 여행이 주는 자유를 즐기려면 외로움과 고독도 견딜 줄 알아야 하는 법이다. 늘 여행길에서 그걸 깨닫곤 했다. 혼자서 밥 먹는 것을 불편해하는 사람이 많다는 것을 알았을 때 나는 깜짝 놀랐다. 혼자 밥도 잘 먹고, 영화도 보고, 연극도 보고, 여행도 가는 나에게는 그들이 이상하리만큼 어색하지만, 반대로 그들의 눈에는 내가 변종으로 보일 수도 있을 듯싶다.

그래서 외로움을 견디지 못하는 사람은 혼자가 아닌 둘이 길을 떠나도 좋을 것이다. 나는 이번 바우길을 걸을 때 되도록 좋은 사람들과 함께하려고 노력했다. 일정도 서로 맞춰보고 여행하면서 드러나는 개인적인 차이도 받아들이고 인정하려고 한다. 지금껏 혼자서 실컷 여행을 다녔으니 이번 바우길 여행에서는 좋은 사람들과 함께 맞추며 길을 걷고 싶은 마음이 컸기 때문이다. 혼자서도 좋은 길을 좋은 사람과 함께 걸으며 그 즐거움을 나누고 싶었기 때문이다. 이런 내 마음만큼이나 함께 걷는 사람들도 좋아할까. 바우길의 끝에서 다시 한 번 곰곰이 생각해야겠다.

길을 걸을 때마다 사람들이 묻곤 했다. "어느 구간이 가장 좋았어?"라고. 제발 그 질문만은 하지 말아다오. 해봤자 소용없다. 나의 대답은 바로 "지금 걷는 길이야"다. 바우길 모든 구간은 저마다 나름의 특징이 있다. 신기하게도 어느 길에서든 같은 모습이 한순간도 없다. 바다의 색깔이 다르고, 바위의 모습이 다르고, 마을의 모양새도 제각각 다르다. 심지어 불어오는 바람의 세기도 모두 다르다. 하물며 같은 구간을 다른 시간에 걸어도 그 느낌이 다른데 어떻게 콕 집어서 한 구간만 꼽을 수가 있을까.

사람마다 좋아하는 취향이나 성향이 다르니 내가 좋았던 길이라도 누군가에게는 크게 와 닿지 않을 수 있다. 그러니 나에게 어느 구간이 좋았느냐고 사전 조사를 하기보다는 선입견 없이 그저 그 길을 걸으며 각자 느끼는 것이 좋지 않을까. 바우길을 떠날 때는 이미 잘 정비된 바우길 표시가 있으니 이것저것 너무 많은 사전 조사를 하지 말고 걷기에 필요한 신발과 옷 등의 최소 장비와 길을 걷겠다는 마음만 챙겨 떠나라. 그러면 각자의 목적지에 닿을 것이다.

그런데 자유로운 만큼 외로움도 짙다.
그건 여행에서만이 아닐 것이다.
홀로 떠나는 여행이 주는 자유를 즐기려면
외로움과 고독도 견딜 줄 알아야 하는 법이다.
늘 여행길에서 그걸 깨닫곤 했다.

아스팔트 도로를 따라 걸으니 저 멀리 높다란 고속도로 하나가 마을 위로 지나고 있었다. 아마도 동해고속도로인가 보다. 10구간의 도착지인 송양초등학교까지 2.5킬로미터를 남겨두고 한적한 길은 이곳에서 우측으로 꺾여 위촌리로 향하고 있었다. 한적한 시골을 걷고 있는데 어디선가 자그마한 개 두 마리가 나타나 반갑게 꼬리를 치며 따라붙었다. 그 모습이 무척 귀여워 그 자리에 앉아 아이들을 살포시 쓰다듬었다. 산책을 나온 동네 어르신의 개들인가 보다. 아무나 보고 따라간다며 아저씨가 섭섭한 기색을 농담처럼 드러내신다. 어르신과 함께 앞서 걷는 이 녀석들 어찌나 가볍게 사뿐사뿐 걷는지, 묵직하기만 한 나의 허벅지와는 비교도 할 수 없을 만큼 가벼운 걸음이라 속으로 무척 부러웠다.

길은 한적한 집과 집, 밭과 밭 사이를 거쳐 위촌리로 이어졌다. 겨울이라 일하는 손길도 없어 밭이 텅 비었고 길가에도 사람이 드물었다. 그러다 어느 집에서 아이들이 자전거를 타며 놀고 있는 게 보인다. 오랜만에 만나는 인적이 멀리서라도 그저 반갑기만 하다.

'봄이면 이 길가에도 이런저런 꽃들이 흐드러지게 피고 초록잎이 만발하겠지' 생각하니 봄에 다시 이 길을 걸어도 좋겠다는 생각이 든다. 나는 꽃을 참 좋아한다. 꽃 싫어하는 사람이 어디 있겠느냐마는 사는 게 퍽퍽하다 보니 꽃을 좋아해도 막상 꽃을 선물하는 마음을 즐길 줄 아는 사람은 많지 않다. 나는 아무런 이유 없이 꽃 선물하는 것을 좋아한다. 생일도, 특별한 날도 아니지만 길 가다 본 장미의 향이 너무 짙어서, 하얀 소국이 너무 탐스러워서, 수선화의 고개가 애처롭게 무거워 보여서 나는 꽃을 산다. 그리고 그 꽃을 그날 만나는 이들에게 아무렇지 않게 건네곤 한다.

꽃을 받는 사람의 반응도 제각각이다. 너무 좋아 입이 쫙 벌어지는 사람도 있고, 남자는 내가 자기를 좋아하는 걸로 착각하고 혼자 고민하는 사람도 있다. 반응이야 어떻든 꽃을 선물하는 그 설렘이 좋다. 그대들도 꽃을 사서 책상에 놓아보라. 혹은 오늘 만나는 이들에게 아무런 이유 없이 꽃을 선물해보라. 그러면 마술처럼 우리의 마음이 몽글몽글 따스하게 피어오를 테니 말이다.

꽃과 함께 내가 좋아하는 것 중 하나가 바로 엽서다. 지금도 내 책상에는 세계 각국에서 사들인 엽서가 수북하다. 물론 소장용이나 수집용은 아니다. 길을 떠날 때마다, 혹은 일상에서도 늘 가방 안에 우표와 엽서를 넣어 다녔다. 기차나 버스를 기다리거나 좋은 풍경 앞에서 친구에게, 부모님에게, 더러는 나에게 엽서를 썼다. 이는 내가 여행에서 즐길 수 있는 최고의 사치였다. 한번은 책을 준비하면서 친구들에게 보냈던 수많은 엽서를 모아 다시 읽어본 적이 있었는데 그야말로 시인이 따로 없고 닭살 멘트들이 찬란하다. 모두가 그 시간의 여행 풍경이 건네준 마음이었을 것이다.

그렇게 보낸 엽서들은 내가 여행길 외로움이나 그리움에서 버텨내게 한 힘이 되어주었다. 바우길에서도 엽서를 써야겠다. 바다와 소나무를 마주한 내 마음을 누군가에게 고이고이 부쳐야겠다. 그대들도 이곳에 와 마음껏 걸으라고 말이다.

바우길 전부는 아니지만 1구간부터 4구간, 10구간을 걷고 있자니 쓰레기가 많지 않아 참 다행이었다. 4구간을 걸을 때 임도 옆 비탈에 쌓인 쓰레기를 봤지만, 그것을 빼고는 쓰레기가 거의 없었다. 산과 마을을 깨끗하게 지켜주는 강릉 주민의 노력이 있었을 것이다. 이 상태로 계속 지켜지면 참 좋겠다고 생각한다. 많은 사람이 내려와 길만 걷고, 쓰레기는 그 길에 남겨두지 않았으면 하고 말이다. 길 가다 쓰레기가 있으면 치우지는 못하더라도 내가 만든 쓰레기를 버려두는 일은 없어야 하는 것이 걷는 여행자의 의무이자 책임 아닐까.

나는 일 년에 한두 차례 꼭 제주의 한라산을 찾는다. 가을이거나 겨울이다. 그 계절의 한라산을 나는 특히 좋아한다. 한라산 정상을 향해 오르다 보면 진달래대피소에서 많은 사람이 컵라면이나 점심을 먹는다. 물론 나도 먹는다. 산을 오르며 맛보는 뜨거운 컵라면의 유혹을 뿌리칠 수가 없다. 컵라면을 사면 쓰레기는 챙겨가라고 비닐봉지를 하나씩 주는데 나는 이 봉지를 하나 더 얻어 내려가면서 등산로에 있는 쓰레기를 주워 담는다. 내가 특별히 착해서 하는 것이 아니라 산을 좋아하고 그 산을 깨끗하게 지키고 싶은 마음에서다. 바우길을 걷는 여행자들도 그랬으면 좋겠다. 쓰레기를 줍는 것이 과한 욕심이라면 자신의 쓰레기만이라도 스스로 짊어지고 다녔으면 좋겠다.

위촌리 전통문화전승관을 지나 도로를 따르니 드디어 10구간과 11구간의 갈림길인 송양초등학교 앞 사거리가 나왔다. 마을 초입에는 바우길 표시와 함께 허수아비와 일하는 농부의 벽화가 그려져 정감 있다. 10구간의 종착점인 송양초등학교로 향하니 내가 예상하던 작은 학교의 모습이 아니다. 건물은 생각보다 크고 색깔도 붉은색으로 화려했다. 얘기를 들으니 이 송양초등학교가 바우길을 만든 이순원 작가의 모교이기도 한데, 지금은 외국어 특성화 학교로 강릉에서는 꽤 유명하다고 한다. 한때는 폐교 위기까지 갔으나 마을 주민과 강릉시의 노력으로 외국어 특성화 학교로 지정되어 원어민 교사가 세 명이나 있다고 한다.

송양초등학교 입구에 도배마을이라는 팻말이 있어 무슨 뜻인가 싶어 한참을 갸우뚱했다. 후에 만난 강릉의 지인이 알려주길 도배식은 이 마을의 가장 연장자인 촌장과 연장자, 차기 촌장 후보들이 함께 치르는 전통적인 합동 세례식이라고 생각하면 된다고 한다. 도배식에는 촌장을 비롯한 도배계원들과 마을 주민, 강릉시장, 각급 기관과 단체장도 자리를 함께한다. 정월 초이튿날 도배에 참석한 모든 사람은 갓을 쓰고 도포를 입고 국기에 대한 경례를 하고 자리에 앉게 된단다. 이어 참석한 사람 모두가 마을의 가장 어른인 촌장에게 세배를 올리

고 술과 선물을 드린다. 그러면 촌장은 새해 덕담을 하고, 참가자들이 반으로 나눠 서로 마주 선 채 절을 하며 새해 상견례를 하게 되는 것이다. 이것이 위촌리에 440년 이어온 전통 세배이다. 웃어른을 공경하고 서로 화합하는 마음이 위촌리의 자긍심이라는 생각이 들었다.

전통이 여전히 살아 숨 쉬는 마을 위촌리에 도착해 10구간 '심스테파노 길' 걷기를 마쳤다. 아스팔트를 많이 걸은 탓인지 발바닥이 불이라도 난 것처럼 후끈거리고 간혹 통증도 못 참을 정도로 콕콕대서 서울에 올라가면 병원에 가봐야겠다고 마음을 먹었다. 내일도, 모레도 계속 바우길을 걸으면 좋을 텐데 서울에서 해야 할 일이 있어 사흘 이상을 연속해 걸을 수가 없었다. 다음에는 크게 마음먹고 와 서울에 올라가지 않고 오래 머물며 이 길을 쭉 이어서 걸어야겠다는 꿈이 하나 더 생겼다. 자, 오늘도 별 탈 없이 바우길을 걸었다. 감사한 하루가 지나고 있었다.

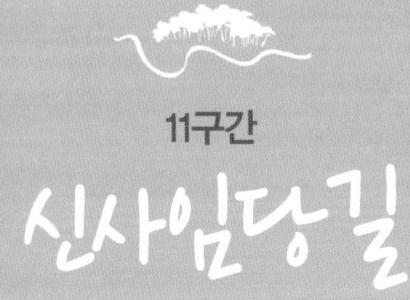

11구간
신사임당길

거리 약 16.4km 시간 약 6시간

코스 위촌리 송양초교-죽헌저수지-오죽헌-선교장-시루봉-경포대-경포호-허균·허난설헌기념관

교통 자가용 **서울** 영동고속도로-강릉IC-한국도로공사 강릉지사-송양초교 **강릉·속초·삼척** 강릉 시내에서 강릉문화원-위촌리 굴다리 통과-송양초교

대중교통 **시내버스** 강릉↔위촌리(송양초교) 512, 512-1, 512-2번 시내버스 수시 운행

모든 것에서 자유로이 걷는 일 하나에만 집중할 수 있다는 건

알람을 맞춰놓은 휴대전화가 채 울리기도 전에 눈을 떴다. 이상하게도 바우길게스트하우스에서는 저절로 눈이 떠지고 지난날 한참을 걸어 뭉친 근육들이 뜨거운 방바닥에서 저절로 풀려 몸이 가벼워진 느낌마저 든다.

창밖을 보니 부슬부슬 비가 내린다. 오늘까지 사흘째 바우길을 걷고 있는데 내내 비 아니면 눈과 함께다. 햇살 내리쬐는 길도 좋지만, 비도 눈도 다 괜찮다. 내 마음대로 조절할 수도 없는 노릇이니까. 어떤 면에서는 내 마음대로 할 수 없는 것도 참 다행인 일이다. 마음먹은 대로 뭐든지 재깍 이뤄진다면 인내심도, 고마워하는 일도 없을 테니까. 조금 번거롭기는 하지만 주어진 상황대로 길을 걷고 즐기는 것도 고마운 일이다.

어제는 주말인데도 단둘이서 방을 나눠 썼다. 그나마도 그 친구는 밤늦게야 들어온 바람에 혼자 저녁을 먹고 느긋하게 쉴 수 있었다. 그는 늦잠을 자고 게스트하우스 주변을 산책하다가 떠난다 했으니 같이 아침을 먹자고 깨우지 않고 조심조심 배낭을 꾸렸다.

게스트하우스는 여러 여행자가 함께 쓰는 공간이라 몸을 부딪치며 서로 살아가는 얘기를 하다 보면 자연스레 내 인생이 아닌 여러 인생을 들여다볼 수 있게 된다. 내가 여행을 하면서 게스트하우스를 이용하는 이유 중 하나가 금전적인 점도 크지만, 그 공간에서 머물며 만난 인연이 주는 끈끈함을 잊지 못해서이기도 하다.

어제 같이 머문 아가씨는 나보다 여섯 살 어린 새내기 사회인이라고 한다. 성남에 사는 그녀는 모처럼 주말 근무가 없는 틈을 타 무작정 첫차를 타고 강릉으로 왔다고 한다. 대학을 졸업하고 선교 활동으로 제삼국에 머물다가 한국에 들어와 일하려니 몸도 마음도 고되기는 했을 것이다. 우리는 캄보디아를 얘기하고 태국의 거리를 얘기하며 밤늦도록 신 나게 수다를 떨었다. 빡빡한 직장 생활을 하면서도 부지런히 몸을 움직여 주말에 혼자 길을 나설 수 있는 그 용기가 아름다웠다. 그렇게 지내고 돌아가면 다시 직장에서도 힘을 얻을 수 있다고 한다. 그녀는 혼자 버스를 타고, 혼자 밥을 먹고, 혼자 차를 마시고, 혼자 바다를 걸었을 것이다.

혼자든 여럿이든 여행을 떠나 걷는 사람은 본인과 비슷한 여행자를 단번에 알아보는 재주가 있다. 그리고 능동적으로 자신을 움직여 여행하는 사람은 인생에 대책 없이 당하지 않는다는 사실 또한 잘 알고 있다. 비록 헤어지는 인사는 못했지만 길 위에서 늘 있는 일이니 각자의 삶에서 또다시 용기 얻어 씩씩하게 잘 걸어가리란 것을 안다.

게스트하우스 인연 얘기가 나와 말인데 칠레 여행을 할 때였다. 그때 카고십 크루즈라고 나흘간 배를 타면서 남미 최남단 도시에서 북쪽 도시로 이동하는 여행을 했다. 같은 배에 탄 사람들은 나흘간 얼굴을 맞대고 식사도 같이 하고 같은 공간에 머물다 보니 자연스레 친해질 수밖에 없다. 함께 식사하고, 함께 갑판에 나가 햇볕을 쬐고, 돌고래 떼를 보며 환호성을 지르고, 비스코사워(칠레의 칵테일)를 마시며 흔들리는 배에서 춤을 추고 노래를 부르고……. 같은 상황을 공유한 끈끈한 동지애랄까, 그런 것이 싹터 이때 만났던 인연들은 오 년이 지난 지금까지도 이어지고 있다.

그해 남미 여행을 마치고 서울로 돌아왔을 때 나보다 먼저 남미를 떠났던 영국 친구가 서울에 와서 나를 만났고, 내 친구들과 함께 불고기를 먹고 인왕산이며 민속촌이며 인사동을 열심히 돌아다녔다. 또 내가 스페인에 가서 걷기 여행을 마치고 마드리드로 돌아갔을 무렵 나를 만나겠다고 영국에서 마드리드까지 와서 이틀을 함께 여행하고 다시 런던으로 돌아가기도 했다. 그 배 위에서 만난 또 다른 호주 커플은 남미 여행을 마치고 호주로 돌아가 결혼했고 지금은 두 아이의 엄마 아빠가 되어 화목한 가정을 꾸리고 있다. 신랑인 토니가 작년에 일 문제로 서울에 왔을 때 반나절이었지만 함께 아침도 먹고, 토니의

우리는 항상 얘기했다. '이 좁은 지구'에서 언제고
다시 만나자고, 다시 한 번 비스코사워를 마시며 철없이
노래하고 춤을 추자고 말이다. 여행이란 그런 것이다.
낯설고 이국적인 풍경보다 더 아름다운 건 사람과 사람의 만남이다.

얼굴 사진이 실린 나의 첫 번째 책을 선물로 주기도 하며 반가운 인연을 일상에서 이어갔다.

우리는 항상 얘기했다. '이 좁은 지구'에서 언제고 다시 만나자고, 다시 한 번 비스코사워를 마시며 철없이 노래하고 춤을 추자고 말이다. 여행이란 그런 것이다. 낯설고 이국적인 풍경보다 더 아름다운 건 사람과 사람의 만남이다. 게스트하우스에서 머물다 보니 문득 여행을 하며 만났던 많은 이들의 얼굴이 스쳐 지나간다. 서울로 돌아가면 그들에게 반가운 메일을 보내야겠다. '이 좁은 지구'에서 언제고 다시 만날 날을 기다리겠다고 말이다.

식당도 오늘은 한가하다. 식사를 준비해주시는 아주머니께 인사를 드리고 혼자 마주한 설산을 친구 삼아 아침을 먹는다. 난 식당에 앉아 창문 너머 산을 바라보며 밥을 먹는 게 참 좋았다. 빠르게 서두르지 않고 느긋하게 먹게 된다. 사흘째 비슷한 밑반찬을 먹고 있으니 조금은 질릴 법도 한데 건너편 풍경이 반찬이다.

아주머니께서 사흘째 머무는 나를 보시며 "집에는 언제 가는 거예요?"라고 물으신다. 여자 혼자 다니니 엄마 같은 마음이 들어 걱정되시나 보다. "안 그래도 오늘 걷고 서울 올라가려고요" 했더니, "그래, 또 내려와서 걸어요. 집에도 가야지" 하신다. 어딜 가나 엄마 마음은 다 같은 모양이다. 아주머니 밥을 맛있게 먹었던 터라 잘 먹고, 잘 머물다 간다며 인사를 드리고 다시 길을 나섰다.

오늘 걸을 11구간은 지난번 걸었던 10구간 '심스테파노 길'에 이어 송양초등학교, 죽헌저수지, 오죽헌, 경포대를 거쳐 경포호, 허균·허난설헌기념관까지 이르는 15킬로미터의 '신사임당길'이다. 비가 부슬부슬 내리니 재킷을 덧입고 카메라도 어깨에 메지 못한 채 일찌감치 배낭에 넣어두었다. 길은 안개 덮인 소나무 숲길로 이어졌다. 살면서 이렇게 많은 소나무를 만난 일이 있을까. 내 몸 구석구석에 솔 향이 배어 있지 않을까 싶을 정도다.

흐린 날, 숲길을 혼자서 걷고 있자니 자꾸 뒤를 돌아보게 되는 으스스한 기분이 들기도 하지만 모든 것에서 벗어나 자유로이 걷는 일 하나에만 집중할 수 있다는 것이 참 고맙다. 억지로 말을 하지 않아도 되고, 온갖 고민에서 해방될 수 있었다. 정말이지 가볍게 살고 싶다. 무엇에도 집착하지 않고, 무엇에도 얽매이지 않으면서! 살아가면서 살림살이를 최소한으로 적게 두고, 쓸데없는 고민 없이 가볍게 살고 싶다. 걷는 동안만이라도 이렇게 한없이 자유로울 수 있으니, 내가 자꾸 걷는 이유도 그 때문이지 싶다.

이러쿵저러쿵 사람들이 정해놓은 고정관념에서도 자유로워지고 싶다. 이 나이에는 무얼 해야 하고, 얼마짜리 집과 자동차를 가져야 하며, 나잇값을 하려면 무겁게 살아야 한다는 보이지 않는 고정관념이 우리를 더 자유롭지 못하게 하는 것은 아닐까. 마음껏 경험하며 즐겁게 살려고 태어난 인생일 텐데 축 처진 어깨로 살아야 하는 날이 많다는 사실이 안타깝다.

내가 지금 이렇게 자유롭게 지내기까지도 참 어려웠고, 이렇게 사

는 지금도 마음이 마냥 가볍지만은 않은 것도 그놈의 '고정관념' 때문이다. 멀쩡히 대학 나와 별다른 고민 없이 회사에도 들어갔다. 그러나 남들처럼 열심히 돈 벌고 결혼해서 살 나이에 보란 듯 회사를 뛰쳐나와 세계 곳곳을 걸으며 여행을 다닌다고 하니 주변의 시선과 걱정도 만만치 않았다. 지금은 돌아가셨지만, 아버지와 벌인 신경전은 이루 말로 다할 수 없을 정도였다. 그래도 지금이 좋다. 내 시간 오롯이 쓰면서 적게 벌고 적게 쓰는 간소한 삶이다. 더 많이 보고 더 많이 느끼며 사는 자유로운 삶이다. 그래, 그렇게 생각하면서 걸음을 떼니 마음이 더 가벼워지는 것 같다.

소나무에서 떨어진 솔잎들이 갈색으로 변해 가을 느낌을 물씬 풍기지만 구석구석 아직 녹지 않은 눈이 그대로다. 간절기란 참 오묘하다. 따듯하다 싶다가도 차가운 공기가 공존한다. 봄도 아니고, 그렇다고 겨울도 아닌 모호한 계절. 눈다운 눈을 실감하는 것도 아니고, 푸른 나무를 만나는 것 아니라서 여행하기에는 참 모호한 시기이다. 하지만 마음을 비우고 길을 걷다 보면 겨울과 봄을 동시에 느낄 수 있는 시간이기도 하다. 아직 녹지 않은 채 숨어 있는 눈과 아직 세상 밖으로 나오지 않은 겨울 밑 초록의 모습에도 여행의 묘미는 존재하는 것이다. 이어진 좁은 오솔길 사이로 뻗은 소나무들은 그 수많은 계절을 온몸으로 견딘 여행자의 길벗이다.

끝없이 이어진 소나무 숲길을 벗어나니 저수지가 나온다. 바로 죽헌저수지이다. 지금까지 걸으면서 본 저수지 중에서 가장 큰 규모다. 그러고 보면 강릉에는 야트막한 언덕부터 시작해 높다란 산까지 산도 참 많고, 저수지도 많다.

신사임당이 어린 율곡을 데리고 오죽헌에서 서울로 갈 때 이 죽헌저수지를 따라 대관령을 넘었다고 한다. 이 길은 야트막한 산과 숲과 들을 지나고 시골 마을을 건너서 강릉시의 유적지가 집약된 오죽헌, 선교장, 허균·허난설헌기념관까지 이어진 볼거리 풍성한 길이다. 그러니 11구간을 걸을 때는 시간을 넉넉하게 잡아 천천히 둘러보며 걷는 것이 좋겠다.

저수지를 따라 도로로 걷고 있자니 우산 하나 펼쳐놓고 세월을 낚는 강태공이 있다. 너무나 조용히 물만 바라보고 있어 많이 낚으셨느냐는 인사 한마디 건네지 못하고 지나쳤다. 오늘 길에서 처음 만나는 사람이라 무척 반가웠는데 아쉽다.

이 길은 신기하게도 다른 길보다 새들의 지저귐이 많은 길이다. 산길, 들길, 숲길, 물길에 쉴 새 없이 작은 새들의 지저귐이 끊이지 않는다. 서로 말은 통하지 않지만, 수다쟁이 길벗이 생긴 것 같아 귀가 심심치 않다. 저수지 옆 재즈카페를 지난다. 숲길을 빠져나와 걷는 길이라 발바닥에 충격이 더해지나 보다. 역시 같은 길이라도 아스팔트가 힘들다. 길 양옆으로 늘어선 소나무 잎에 빗방울이 대롱대롱 맺혔다. 봄을 재촉하는 비라 이 비가 그치면 한 걸음 더 봄에 다가서겠지 싶은 생각이 들었다.

길은 다시 이름 모를 야트막한 언덕으로 향했다. 오늘 11구간은 다른 길보다 유난히 오르막과 내리막이 많다. 땅만 보다가 한참을 오르니 리본이 보이지 않는다. 조금 더 올라가도 마찬가지다. 불길한 예감이 들어 다시 왔던 길을 되돌아갔다. 좁은 길이 오르막 옆 더 좁은 샛

길로 나 있어 땅만 보고 걷다가 놓쳤던 것이다. 다행이다. 본능적으로라도 일찌감치 찾아낸 것이.

이렇게 땅만 보고 걷다 보면 종종 이정표나 리본을 지나쳐 길을 잃고 헤매게 되는 경우가 있다. 스페인 산티아고를 걸을 때 서울의 친한 언니와 동행을 했는데 서로 걷는 속도가 다르다 보니 자연스레 따로 걷게 되었다. 조금 더 빨랐던 내가 언니보다 앞서 걸었는데 잠시 길을 잃고 헤매던 언니가 만나기로 한 마을까지 오지 못하고 앞마을에서 멈추게 된 것이다. 이런 사정을 알 리 없는 나는 알베르게(순례자 숙소)에서 나와 한참을 큰길에 앉아 언니가 오기만을 기다렸다. 기다리고 기다려도 오지 않아 슬슬 걱정되었다. 다행히 해가 지기 직전 한 여행자가 전해준다. 네 친구가 힘들어 앞마을에 머물러 있다고, 내일 아침 다시 이곳에서 만나자고……. 이 친구를 만나지 못했으면 또 어쩔 뻔 했나 싶어 안도의 한숨이 저절로 새어나왔다. 내 경험으로는 길을 잃었을 때 가장 좋은 방법은 시간이 조금 걸리더라도 왔던 길을 되돌아가는 것이 최선이다.

산길의 끝은 불경 소리가 들려오는 죽림사였다. 다시 큰길을 만나고 둑길을 따라 오죽헌 시립박물관에 도착했다. 오죽헌은 조선시대 율곡 이이가 태어난 곳. 율곡의 어머니인 신사임당이 친정인 이곳에서 아들을 낳았다. 신사임당이 율곡을 낳기 전 용꿈을 꾼 몽룡실도 이곳에 있다. 뒤뜰에 줄기 검은 대나무가 많아 오죽헌이라 이름 붙였다. 이곳 오죽헌은 우리나라의 주거 건축물 중 가장 오래되었고 조선 건축 양식을 보여주는 중요한 건물이라 보물로 지정되었다. 오죽헌 주변에는 수령이 600년이나 된 배롱나무가 서 있어 그 운치를 더한다.

비 오는 날이지만 주말을 맞은 가족 단위의 여행자들이 오죽헌을 둘러보고 있었다.

오죽헌에서 바우길 리본을 따라 큰길을 건너면 강원도의 대표적인 양반집이자 가장 큰 개인 주택인 선교장을 만나게 된다. 안채, 사랑채, 동별당, 서별당, 사당 등이 들어서 있고, 바깥쪽에는 연못과 정자까지 갖춰져 조선시대 상류층의 주택을 살펴볼 수 있다.

선교장을 지나면 김시습기념관이 있다. 최초의 한문소설인 〈금오신화〉를 지은 김시습이 이곳 강릉 사람이어서 이곳에 기념관을 세웠다. 아담한 규모의 기념관에는 김시습과 관련된 사료와 문집 등이 전시되어 있어 지나는 길에 잠시 들러도 좋겠다.

김시습기념관을 지나면 바우길은 잠시 마을 뒷길과 들길을 가로질러 시루봉 능선으로 들어선다. 시루봉 가는 길에는 다른 구간과 달리 바우길 표시 리본이 드물다. 이 길이 맞나 싶을 정도인데 다행히 외길이니 걱정하지 말고 숲길을 따르면 된다. '길이 맞나?' 고민하는 순간 '짜잔' 하고 리본이 나타나니 안심하시라. 낮고 완만한 능선을 사부작사부작 걷다 보면 깊고 그윽한 솔 향이 온몸 구석구석에 스며들어 몸이 깨끗해지는 듯하다.

오르막을 걷다가 나타난 정상이 시루봉이다. 정상 부근이 떡시루같이 생겼다 하여 그 이름이 시루봉이다. 길은 시루봉 뒤 빼곡한 소나무 사이 임도로 연결되고, 다시 시루봉 능선의 솔숲은 관동팔경의 하나인 경포대로 이어진다. 경포대는 널리 알려진 것처럼 높은 곳에 있는 웅장한 규모의 누각도 멋지지만, 이곳에서 내려다보는 경포호수 일대의 풍경은 가히 환상적이다. 강릉에 올 때마다 경포호수에서 바라보

던 경포대에 직접 올라 내려다보니 그 느낌이 사뭇 다르다. 경포대를 내려온 바우길은 다시 경포호수로 이어졌다. 이곳은 잠시 5구간과 일부 겹치는 길이기도 하다. 비가 그치고 흐린 하늘. 우산을 접고 느긋하게 걸어본다. 갑자기 정태춘 아저씨의 〈시인의 마을〉이라는 노래 구절이 저절로 흥얼거려진다. '우산을 접고 비 맞아 봐요 / 하늘은 더욱 가까운 곳으로 다가와서 / 당신의 그늘진 마음에 비 뿌리는 / 젖은 대기의 애틋한 우수……'

산책 나온 사람들도 모처럼 비 그친 호반을 여유롭게 거닐고 있었다. 느긋하게 걷고 있자니 지난번에는 눈에 들어오지 않던 벚나무가 눈에 들어온다. 일반 벚나무와 달리 땅으로 축축 늘어지는 왕벚나무다. 왕벚꽃은 내가 무척 좋아하는 꽃이기도 하다. 봄이면 경포호수 주변에 분홍으로 곱게 물들 길을 생각하니, 그 길을 걷는 기분은 얼마나 황홀할까 상상에 젖는다.

걷는 길에서는 얻는 것이 참 많다. 더군다나 혼자 걷는 길에서는 더 그렇다. 잊혀간 시간도 들추게 되고, 화해해야 할 일에는 더 깊이 반

성하게 되고, 고마워해야 할 일에는 더 깊이 감사하게 된다. 혼자 걷는다는 것은 바로 이런 것이다. 몸의 군살도 알아서 빠지지만 마음의 묵은 때도 하나씩 벗겨져 나간다. 가장 큰 고마움은 도시의 일상에서는 오래도록 바라보기 어려운 자연의 모습을 곁에서 온몸으로 느낀다는 것이다. 뜨고 지는 해의 모습을 오래도록 바라볼 수 있다는 것, 바람의 흐름과 냄새, 바다의 냄새와 파도 소리를 느낄 수 있다는 것, 작은 풀벌레의 소리에도, 바람에 사르르 떨리는 꽃 이파리 하나에도 몸을 낮출 수 있다는 것⋯⋯. 걷는 일 하나로 참 많은 걸 얻어간다. 그러니 딱 일 년에 한 번만이라도 길 위에 나를 놓아두자. 그것도 마냥 홀로!

호수를 벗어나 초당마을 솔숲으로 들어선다. 이곳에는 조선시대 최고의 여류시인인 허난설헌과 당대의 최고 소설 〈홍길동전〉을 쓴 허균 남매의 생가와 허균·허난설헌기념관이 들어서 있다. 허엽의 작은 딸로 태어난 허난설헌은 어려서부터 총명한데다 비교적 자유로운 가풍 속에서 성장해 조선시대 최고의 문인으로 많은 작품을 남겼다. 하지만 열다섯 나이에 혼인을 하여 순탄치 않은 삶을 살다가 스물여덟 살에 요절했다. 결혼 생활이 순탄치 않아서였는지 그녀의 작품에서도 그리움과 고난이 묻어나오곤 한다. 고교 시절 국어 시간에 배우던 시조는 꽤 어렵게만 느껴졌는데 나도 커 사랑이란 것을 하고 어른이 되니 그녀가 남겼던 시구에서 기다림에 대한 간절함이 묻어나는 걸 알 수 있었다.

허난설헌과 허균의 생가는 말끔하게 재정비되어 찻방으로 꾸며져 있고, 기념관과 문학공원, 시비 등이 군데군데 세워져 있어 가족 단위 걷는 길에서는 얻는 것들이 참 많다.
더군다나 혼자 걷는 길에서는 더 그렇다.
잊힌 시간도 들추게 되고,
화해해야 할 일에는 더 깊이 반성하게 되고,
고마워해야 할 일에는 더 깊이 감사하게 된다.

로 찾아와 살펴보고 있었다. 무엇보다도 내 마음을 끄는 곳은 이곳 앞마당의 아름드리 솔숲이다. 나는 이곳 소나무 숲길을 참 좋아한다. 강릉에서 흔하디흔한 것이 소나무 숲길이지만 이곳만큼이나 포근한 기운과 편안함을 주는 곳도 없다. 두툼한 대자리 하나 깔아놓고 온종일을 눕고 뒹굴며 쉬고 싶은 곳이다. 강릉에 올 때마다 빼놓지 않고 들르는 곳 중 하나인데 여러 번을 찾아도 그 편안함이 마음에 새겨져 쉽게 잊히지 않는다. 이 숲길을 차마 쉽게 떠나지 못하고 한참을 서성거리는 이유도 이 때문이다.

11구간은 다른 구간보다도 더 특별하다. 산에서 들로, 호수로, 다시 바다로 이어지는 길이다. 출발과 끝이 없는, 그저 사람과 사람이 서로 오가며 생긴 아주 오래된 길.

주말마다 내려와 바우길을 걸으며 갖게 된 생각이 하나 있다. 사 년 전 스페인 산티아고 길 800킬로미터를 한 달 동안 걸으며 만났던 수많은 유럽인이다. 나처럼 한 번에 그 길을 걷는 사람보다는 휴가 때마다, 또는 주말마다 걸으며 짧게는 몇 달에서 길게는 몇 년에 걸쳐 그 길을 걷는 여행자들을 만났다. 걷겠다는 마음과 함께 비교적 가깝다는 지리적인 여건이 있어 가능한 일일 것이다. 그 모습을 보며 크게 마음먹고 긴 시간 동안 한 번에 걸을 수밖에 없는 나는 그들이 마냥 부럽기만 했다. 그런데 주말마다 내려와 이렇게 각 구간을 걷다 보니 그들 못지않은 아름다운 길이 가까운 곳에 있다는 것을 알게 되었다. 이렇게 시간과 마음이 와 닿을 때마다 걸으면 산티아고 이상 가는 아름다운 순례길이 되지 않을까 하는 생각이 들었다. 물론 낯선 환경과 문화가 주는 호기심은 덜하겠지만 같은 나라에서도 낯선 지역의 색다른 문화와 지형이 주는 새로움은 크게 다르지 않을 것이다.

나라 밖 많은 길을 걸으면서 갖게 된 꿈이 하나 있다. 유럽인들이 스페인 산티아고 길을 몇 년에 걸쳐 걷듯이 내 나라 삼면인 서해, 남해, 동해를 따라 걷고 싶다. 시간이 얼마가 걸리든 마음과 시간이 닿는 대로 걷고 싶다. 때로는 혼자 걷기도 하고, 때로는 좋은 사람과 함께 걷고 싶다. 바다를 만나기도 하고 산을 따라 걷고 싶다. 어느 나라

못지않게 아름다운 내 나라를 두 발로 구석구석 걷고 싶다. 바우길을 걸으면서 이 꿈에 한발 더 다가선 느낌은 어쩌면 필연일지도 모른다는 생각이 문득 들었다. 그런 생각을 하니 사흘 동안의 걷기를 마치고 서울로 돌아가는 버스를 타고도 전혀 아쉽지가 않았다. 꼭 지금이 아니더라도, 꼭 한 번에 이어진 길이 아니더라도 길은 언제나 그 자리에 있을 테니까. 나의 마음과 두 다리만 가서 언제든지 그곳을 걸으면 되니까 말이다.

비를 맞으며 걸었더니 온몸이 축축하지만, 기분만은 최고다. 노곤한 몸으로 버스 창가에 기대어 잠이 들었다. 오늘은 삼면을 따라 걷는 꿈을 꾸고 싶다. 다시 올게, 강릉!

12구간
주문진 가는 길

거리 약 13.4km 시간 약 5시간
코스 사천항–영진항–주문진항–주문진 등대–소돌항 알들바위–주문진 해변 주차장
교통 자가용 **서울** 영동고속도로–동해고속도로 양양 방향–북강릉IC–우회전 7번 국도–사천항 방향–지하도 통과–사천천변–사천항 **속초·삼척** 동해고속도로–북강릉IC–우회전 7번 국도–사천항 방향–지하도 통과–사천천변–사천항
대중교통 **시내버스** 강릉↔사천항 227, 227-1, 228, 312, 313번 수시 운행

주문진 가는 길 **코스 지도**

바다를 건너서 봄으로!

바우길게스트하우스, 아침 여섯 시. 언제나 그랬듯 이곳에서는 절로 눈이 떠진다. 대관령 아래에 자리 잡은 이곳의 밤은 도심의 밤보다 일찍감치 찾아오니 아침도 도시에서보다 일찍 시작한다. 거실에 누워 이불 밖으로 나가지는 않고 블라인드를 젖혀 창밖을 내다본다. 어제 내리던 비가 밤사이 눈으로 변했는지 온통 눈꽃 천지다. 와! 서울은 봄기운이라고 뉴스에서 떠들던데 이곳 강릉은 다시 겨울이다. 아니 봄 속에 숨은 겨울이다. 따뜻한 이불을 덮고 누워 뜨듯한 바닥에서 한참을 누워 창밖 눈 구경이다. 오늘 같은 날씨라면 조금 게으름을 피우며 걷지 않고 종일 눈 구경만 해도 원 없이 좋을 것 같은 기분이다.

한참을 누워 있다가 카메라를 들고 잠옷 차림으로 게스트하우스 뒷산 눈꽃 사진을 찍었다. 주말의 이른 아침 눈꽃 사진으로 서울의 친구들에게 마구 강릉 자랑을 했다. 부러움과 시기 어린 질투의 답 문자가 띠링띠링 울려댄다. 일어난 김에 식당으로 가 아침을 먹었다. 아주머니의 정갈한 솜씨. 오늘은 북엇국에 특별 반찬은 코다리조림. 한 그릇 뚝딱 해치우고 다시 배낭을 꾸려 걸을 준비를 했다.

오늘 걸을 12구간은 4구간이 끝나는 사천진에서 시작해 연곡 해변, 영진 해변, 주문진항을 거쳐 주문진해수욕장까지 이어지는 12킬로미터의 길로 내내 바다를 따라, 혹은 바다를 바라보며 걷는 길이다.

오늘은 바우길 공식 카페 정기 걷기 모임이 있는 날이라 12구간 걷기 모임에 참가해 함께 걷기로 했다. 때마침 고맙게도 게스트하우스에서 모임 장소인 사천진까지 데려다 주신다고 하니 그저 고마울 따름이다. 나와 같은 방을 썼던 어르신 두 분과 바우길 사무국 소속 두 분이 함께 길을 나섰다.

나와 같은 방을 쓰신 두 분은 중년의 친구 사이로 이틀 전 오셔서 선자령 1구간과 바우길게스트하우스까지 2구간을 걸었고 오늘 12구간의 일부를 걷고 난 후 다시 서울로 올라가는 일정이라고 한다. 마음 같아서는 눈이 내렸으니 하루 더 자고 선자령을 다시 오르고 싶지만 산 좋아하는 '영감'과 자식들에게 미안해 서울로 가야겠다고 하신다. 나야 결혼도 하지 않고 딸린 자식도 없으니 이리 자유롭지만, 우리나라 모든 엄마는 홀로 길을 떠난다는 게 얼마나 어렵고 미안해지는 일일까 잠시 생각에 잠기게 했다. 또 길지도 않은 주말에 내려와 더 머물고 싶은 마음 추스려 돌아가야 하는 마음은 얼마나 아쉬울까. 눈 내린 도로 위를 엉금엉금 기어가는 봉고차 뒷좌석 창문에 기대어 집에 있는 엄마를 생각한다. 남은 구간 일부는 엄마와 함께 걸어야겠다고 짐짓 다짐해본다. 쉽게 집을 떠나지 않을 엄마인 줄 알지만, 이번에는 끝까지 설득해 모시고 함께 걸어야겠다.

　사천진까지 가는 차 안에서 아주머니들이 사무국 분들에게 구간의 시작과 끝을 알리는 표지판이 더 많이 생기면 좋겠다는 건의를 드렸다. 그도 그럴 것이 초반 구간에는 구간 표지판이 잘되어 있는데 중반을 넘어서면 구간의 끝과 시작을 알리는 표지가 없기 때문이다.
　그래도 내가 지난해에 바우길을 찾았을 때보다 지금은 더 늘어났듯이 차차 상황이 좋아지리라 기대한다. 바우길은 뜻이 맞는 분들이 모여 시작하고 자원봉사로 일하다 보니 아직 살림이 그리 넉넉하지 못한 편이다. 더 많은 사람이 바우길을 찾아 걸으며 위안과 휴식을 얻어 가니 그만큼 바우길을 알리고 후원해주면 어떨까 싶은 생각이다. 나도 서울로 돌아가면 비록 큰 것이 아니더라도 자그마한 마음이나마 보태야겠다는 생각을 한다.

눈 쌓인 도로를 지나 달리는 차는 4구간을 되짚듯 바우길과 나란히 사천진으로 향했다. 사기막 해살이마을, 사천 한과마을 그리고 사천진 바다. 진눈깨비는 그칠 줄 모르고 연신 해변 위로, 사람들 머리 위로 쏟아졌다. 열다섯 명 정도의 바우길 카페 회원들이 모여 반가운 인사를 나누고 길을 나섰다. 파도가 밀려왔다 밀려가기를 반복하는 한적한 해변만이 우리의 길을 배웅한다.

나는 걸을 때 주로 혼자이거나 많아야 네댓 명의 지인들과 길을 걸었던 경험이 대부분인지라 이렇게 많은 인원이 걷는 건 또 색다른 기분이었다. 가끔 코스 오픈 모임이 있기도 한데 속도를 맞춰 부산스럽게 걷는 게 싫어 별로 참석을 하지 않는 편이다. 그런데 오늘은 그 분위기가 자못 궁금하고 함께 걷는 기분이 어떨까 싶었다. 일렬로 늘어선 대열이 낯설었지만 길 찾기가 서툴거나 혼자 걷기 어려운 사람이라면 토요일마다 열리는 바우길 카페 걷기 모임에 참석해 함께 걷는 것도 좋을 듯싶다. 오늘은 바우길 카페 회원인 강릉 지인 두 명과 함께였다. 든든한 길동무가 생긴 것 같아 신이 났다. 서울과 강릉, 일 년에 몇 번 만나기도 어려워 이렇게 길을 걸으며 그간의 서울 소식과 강릉 이야기들을 나누니 힘든 줄도 모르겠다. 눈 쌓인 바닷가 백사장을 걷기도 하고, 진눈깨비가 녹아 물이 흥건한 도로를 첨벙거리며 걷기도 한다.

연곡 해변을 지나 소나무 숲길로 접어들었다. 진눈깨비가 내리고는 있지만 그다지 낮은 기온이 아니다. 그래도 바다로부터 불어오는 바람과 숲 그늘에 코끝이 시려진다. 차가운 코끝을 통해 내 몸으로 전해지는 해송의 깊은 향기는 어쩌면 봄을 알리는 풋풋함을 담고 있는지도 모르겠다. 이쯤에서 영진교를 건너 작은 숲길 언덕을 오르게 된다. 영진리 뒷마을로 이어지는 길이었다. 사천 해변을 떠난 지 한 시간이 조금 지난 참이었다. 만약 혼자 길을 걷는 중이었다면 나는 이쯤에서 반가운 커피집에 들러 몸도 녹이고 고소한 커피 향 맡으며 휴식을 취했을 텐데 오늘은 여럿이라 코끝으로 커피 향만 킁킁거린다. 커피를 기계로 뽑지 않고 손으로 직접 내리는 핸드드립 커피집으로, 두 번 정도 가봤는데 아주 심각한 표정에 연세 지긋한 귀화 외국인 바리스타께서 직접 정성을 다해 커피를 한 잔씩 내려 그 맛이 깊다.

비를 맞으며 마을의 뒷길을 걷고 있자니 스페인 산티아고 길이 생각난다. 늦봄에 길을 나섰는데 날씨가 워낙 변덕스러워 제대로 된 우

밀려왔다가 다시 밀려가는 파도를 보면서 결국
한 장 한 장 펼쳐졌다 다시 사라지는 지난날들 같다는 생각이 든다.
아득하고 멀기만 한 수평선, 거친 파도에 기꺼이 제 몸을 내주는
갯바위처럼……. 계절마다 늘 그곳에 있었던 풍경이지만
겨울에는 새삼 그 풍경이 살아온 날들처럼 거칠기도 하고,
때론 잔잔하고 아득하다.

의를 준비하지 못해 순례길이 시작되는 프랑스 생장이라는 지역에서 큰마음 먹고 제대로 된 판초 우의를 하나 샀다. 순례길이 끝나는 한 달여 동안 정말 유용하게 사용했던 기억이 떠오른다. 산 지 이틀 만에 피레네 산맥을 건너며 온종일 쏟아지는 비에 우의를 입었다. 새벽부터 큰비가 쏟아지며 짙은 안개가 길을 가로막았던 기억이 난다.

이곳 알베르게(순례자 숙소)는 특별한 경우가 아니고서는 같은 곳에서 2박 이상을 머물 수 없다. 그러니 변화무쌍한 스페인 날씨 탓에 비가 온다고 걷지 않을 수도 없는 노릇이었다. 비가 쏟아져도 길을 나설 수밖에 없는 것이 순례자의 운명이었다. 판초 우의를 뒤집어쓰고 질퍽거리는 산길을 걸으며 속으로 투덜거렸다. '누가 이 길을 세상에서 가장 아름다운 길이라고 그랬어!'라며.

그런데 참 신기하게도 그렇게 엄청난 비를 퍼붓다가도 거짓말처럼 해가 쨍하고 나타나곤 했다. 축축한 우의도 단 십 분이면 마를 정도로 햇볕이 쨍쨍했다. 그렇게 반가운 해를 만나면 판초 우의를 돗자리 삼아 앉거나 누워 쉰다. 젖은 빨래를 말리듯 내 마음도, 신발도 햇볕에 놓아두는 시간이다. 갑자기 스페인의 그 쨍쨍한 햇살이 짜잔 하고 나타났으면 좋겠다 싶은 비 오는 동해의 길이다. 길은 다시 영진 해변으로 이어져 바닷가 옆으로 돌아왔다. 멀리 회색 하늘 아래 빨간색 등대와 하얀색 등대가 나란히 섰다. 바로 주문진항이다. 시각은 열두 시를 넘기고 있었고, 비를 내리며 걷고 있자니 따뜻한 곳에 들어가 몸을 녹이고 싶은 마음이 살금살금 밀려든다.

밀려왔다가 다시 밀려가는 파도를 보면서 걸으니 한 장 한 장 펼쳐졌다 다시 사라지는 지난날들 같다는 생각이 든다. 아득하고 멀기만

한 수평선, 거친 파도에 기꺼이 제 몸을 내주는 갯바위처럼……. 계절마다 늘 그곳에 있었던 풍경이지만 겨울에는 새삼 그 풍경이 살아온 날들처럼 거칠기도 하고, 때론 잠잠하고 아득하다. 주문진을 향해 들어가는 다리 백사장에서 묵묵히 비와 바람을 맞으며 서 있는 갈매기 떼들이 꼭 우리네 모습인 것만 같아 토닥토닥 격려해주고 싶은 겨울 바닷가 풍경이다.

다리 하나를 건넜을 뿐인데 그곳에는 바다의 고요한 감성 대신 살아 숨 쉬는 삶의 풍경이 고스란히 담겨 있다. 펄떡이는 생선과 분주한 손놀림의 상인과 여행자들. 갑자기 생동감 넘치는 현장에 들어와 나도 덩달아 분주해지고 신이 난다. 바쁜 틈을 타 바가지 밖으로 탈출하는 제철 맞은 겁 없는 문어와 오징어, 해삼에 각종 해산물……. 항구 구석구석에는 정박한 배와 어망을 손질하고 배를 정비하는 어부들이 있다. 바다 냄새 물씬 풍기는 곳에서 왜 이 구간의 이름이 '주문진 가는 길'인지 새삼 느끼게 된다.

이쯤에서 각종 신선한 해산물을 보니 내 뱃속도 요동친다. 오늘의 점심은 강릉인들이 추천하는 도치알탕. 처음 먹어보는 음식이라 기대가 이만저만이 아니다. 태어나 이렇게 맛있는 탕은 처음이다. 오도독 씹히는 도치 알과 콜라겐 듬뿍 물컹물컹한 도치를 김치와 함께 자작하게 끓여낸 것이 탕이라기보다는 국물 많은 조림에 가깝다. 거기에다 강릉 친구가 가져온 와인으로 낮술까지 살짝 곁들이니 밥맛이 꿀맛이다. 여럿이 걸으니 이렇게 함께하는 재미가 있구나 싶다.

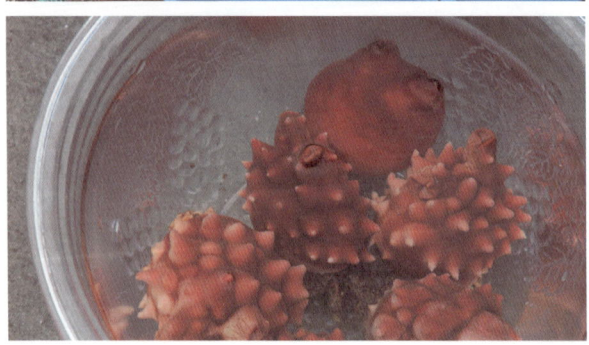

　혼자 여행을 하다 보면 아쉬울 때가 종종 있는데 바로 밥을 먹을 때. 대부분 맛있는 음식은 대개 2인분 이상을 주문해야 하는 경우가 일반적이다. 고기보다 해산물을 더 좋아하는 까닭에 회를 먹고 싶은데도 1인분은 안 되는 터에 입맛만 다시며 돌아선다. 그 흔한 삼겹살도 1인분은 주문이 안 되니 억울하다. 이럴 땐 정말 서럽고 야속하다. 거기에 여자 혼자 다닌다는 처량한 시선까지…….

　언젠가 혼자 길을 떠나 광주를 거쳐 월출산을 올랐다가 완도 보길도에 들어가 사흘을 머문 적이 있었는데 왜 그리도 해물탕이 먹고 싶던지……. 1인분은 주문이 안 된다기에 주야장천 전복죽만 먹다가 마지막 떠나는 날 아무래도 안 되겠다 싶어 식당 아주머니께 부탁해 밑반찬은 안 주셔도 되니까 해물탕 1인분만 주시면 안 되겠느냐고 통사정을 해 기어코 먹었던 기억이 있다. 혼자라도 먹어보겠다는 용기가 가상해 보였는지 인심 좋기로 유명한 남도답게 평소처럼 밑반찬까지 풍성하게 내놓아 더 고마웠다.

　점심을 맛있게 먹고 후식으로는 강릉에서 빼놓을 수 없는 커피까지 마셨다. 바다를 바라보며 마시는 커피라니 세상을 다 얻은 기분이다. 힘내서 남은 코스를 걸어야지!

주문진 어시장을 벗어나자 길은 반대편 마을로 이어진다. 꼭대기에 있는 주문진 등대로 향하는 길이다. 등대 전체가 하얀색으로 칠해져 푸른 바다와 대조되어 그 시원함이 더했다. 등대에서 바라보는 바다는 멀어도 너무 멀고, 넓어도 너무 넓다. 섬 하나 없이 탁 트인 바다 끝 수평선만 덩그러니 이어져 있다. 시원한 동해의 바람을 온몸에 담아 등대에서 이어진 계단을 통해 다시 바닷가로 내려섰다.

어쩌면 12구간 바다의 진풍경은 여기서부터 펼쳐지는지도 모른다. 작은 소돌항을 지나니 공룡처럼 날카롭고 특이한 모양으로 파도에 깎인 아들바위가 조각상처럼 바다에 떠 있다. 이 길을 지나는 걷기 여행자들도 쉬이 지나치지 못하고 "와!" 하는 함성만 자아낸다. 어쩌면 바다가, 자연이 바로 예술이고 파도와 세월에 깎인 바위가 작품인지 모른다. 원래는 바닷가 가까이서 바위를 볼 수 있게 길을 텄는데 파도가 높아서인지 막아두었던 참이다.

소돌 해변을 지나면서 주문진 해변에서 소돌 해변까지 하늘을 나는 커다란 '새' 한 마리를 보았다. 줄 하나에 매달려 이쪽 바다에서 저쪽 바다까지 수백 미터에 이르는 길을 날고 있으니 놀랄 만한 광경이었다. '바다를 나는 나비'라는 이름의 체험이었다. 바다끼리 연결해둔 줄에 의지해 하늘을 나는 체험으로, 바다를 보며 하늘을 난다니 정말 한 마리 새가 되는 기분일까. 그래도 한겨울에는 너무 춥지 않을까 마음 편한 걱정도 됐지만, 바다 위를 나는 특별한 경험을 하고 싶은 충동이 마구 일었다.

언젠가 태국과 뉴질랜드에서 나무와 나무 사이에 와이어를 연결해

타잔처럼 줄타기하는 친환경 레포츠를 즐긴 적이 있었다. 그 길이가 가히 상상을 초월해 한 시간을 넘길 정도였다. 한 번에 한 시간을 타는 것이 아니라 나무와 나무 사이를 오가기도 하고 내려가기도 하는데 그 짜릿함이 이루 말할 수가 없다. 더군다나 숲길이나 바다를 보며 나는 기분이니 풍경 또한 빼놓을 수 없다. 그와는 또 다르게 직접 바다 위로 날아가는 레포츠이니 어쩌면 더 짜릿할지도 모르겠다.

바다 위를 날아다니는 사람들을 구경하다 보니 어느새 소돌 해변을 벗어나 주문진 해변에 들어섰다. 주문진 해변은 백사장이 완만하고 넓고 길어 가족 단위의 여행자들이 많이 찾는 곳이었다. 한여름에는 말할 것도 없고 비수기인 겨울에도 여러 사람이 겨울 바다를 배경으로 한적하게 거닐고 있었다.

이런저런 얘기를 하고, 주변을 둘러보며 걷다 보니 어느새 주문진 해변의 끝을 넘어 작은 다리를 건너왔다. 뒤에 오던 바우길 카페 일행이 눈에 보이지 않는다. 우리가 수다에 빠져서 길을 벗어난 모양이다. 알아보니 길을 더 많이 와버렸다. 일행은 주문진해수욕장 버스정류장에서 시내로 나가는 버스를 타고 모두 떠난 뒤였다. 우리도 대기하고 있던 버스를 타고 다시 시내로 향했다. 우리가 걸었던 길들이 창밖으로 펼쳐졌다. 차를 타고 가면 이렇게도 금방인데 두 발로 걸으니 온종일 걸린, 그저 겉으로 보이는 게 전부가 아닌 강릉의 속살. 그 길을 걸으며 얼마나 많은 추억을 가슴에 얹고, 또 얼마나 많은 삶의 순간들을 돌이켰는지…….

한 구간을 얼마나 빨리 걸었는지는
자랑거리가 아니다. 혼자든 여럿이든 서로의
속도를 이해하고, 풍경을 바라보며 이런저런
이야기를 나누고 이런저런 생각을 하며
걷는 길. 그것이 바로 걷는 여행의 즐거움임을
새삼 느끼게 해준 '주문진 가는 길'. 지나온 길을
되짚듯 창을 가리는 입김을 지우고 또 지우며
창밖을 바라보고 또 바라본다.

13구간
향호 바람의 길

거리 약 14km **시간** 약 6시간
코스 주문진 해변 주차장-향호공원-부대 담장길-솔숲길-향호저수지-향호목장-솔숲길-향호공원-주문진 해변 주차장
교통 자가용 동해고속도로-현남IC-우회전 7번 국도-주문진 해변 주차장
대중교통 **시내·시외버스** 강릉↔주문진 해변 302, 315번 시내버스 및 속초 방면 시외버스 수시 운행

향호 바람의 길 코스 지도

소중한 이의 속도로 걸어보는 길,
함께 걷고 함께 행복하기

이번 주에 걸을 구간은 강릉 북쪽의 마지막 바우길 구간인 13구간 '향호 바람의 길'이다. 이 구간을 걷지 않고 남겨뒀다가 날이 조금 풀리면 엄마와 함께 걸을 생각이었다. 원래는 12구간 바닷길과 13구간 산길을 이틀에 걸쳐 걸을까 했는데 엄마에게는 연이틀을 걷는다는 일이 힘들 것 같아 13구간만 걷기로 하고 금요일 서울에서 출발하는 버스를 타고 강릉으로 향했다.

엄마와 단둘이서 길을 떠나는 것도 벌써 일 년이라는 시간이 흘렀다. 제주도를 한 번도 가보지 못했던 엄마와 함께한 사흘간의 제주도 여행 이후 처음이다. 그때는 차를 빌려 여행을 했던 터라 이번처럼 버스도 타고, 오랜 시간 걷는 여행과는 성격이 조금 달랐다.

금요일은 전국에 걸쳐 봄비가 내린다는 일기예보가 있어 엄마와 함께하면서까지 비를 맞을 수는 없어 금요일에는 그저 바다를 바라보며 쉬고 토요일에만 걷기로 했다. 엄마는 오랜만에 먼 길을 떠나는 여행이라서인지 강릉으로 가는 고속버스를 타고는 멀미 때문에 쉽게 잠을 이루지 못하셨다. 그 옆에서 나는 코까지 팽팽 골아가며 잘도 잤다.

강릉에 도착해 중앙시장으로 가 감자옹심이로 점심을 먹고 엄마와 시장 구경에 나섰다. 우리가 오늘 잘 곳은 정동진 썬크루즈였는데 지난번 경험으로 보아 정동진에서 맛있는 밥을 찾아 먹기란 어려운 일일 것 같아 시장에서 간단하게 매운탕거리를 사 저녁과 아침을 먹기로 했다. 중앙시장 지하에 가면 싱싱한 생선과 각종 해산물을 싸게 살 수 있어 그곳으로 가 우럭 세 마리를 1만 원 주고 샀다. 매운탕에 넣을 채소들도 사서 다시 정동진으로 향하는 버스를 탔다.

버스는 시장을 다녀가는 시골 아주머니들로 만원이었다. 다들 서로 아는 사이인지 기사 아저씨까지 시끌벅적하다. 버스는 정류장 표시가 없어도 내려주고, 태워주고, 어느 아주머니가 두고 내린 짐까지 던져주고……. 엄마는 이런 버스 풍경을 참으로 오랜만에 본다며 정겨워하신다.

혼잡했던 버스는 안인을 넘어서니 한가해졌다. 젊은 여행자 몇 명과 버스의 종점인 옥계로 향하는 몇 명의 어른이 전부였다. 통일공원 버스정류장에서 외국인 여행자 두 명이 올라탔다. 반가운 마음에 어디까지 가느냐고 물을까 하다가 오지랖이지 싶어 그만두고 창밖으로 펼쳐진 바다 구경을 하며 정동진까지 향했다. 그들이 옆에 있는 아주머니에게 묻는 걸 들으니 우리와 같은 곳으로 향한다. 나 역시 어디서 내릴지를 몰라 기사 아저씨께 여쭈니 갈림길에서 우리를 내려주셨다. 그제야 나는 그들과 이런저런 이야기를 나눌 수 있었.

엄마와 나는 그곳에 숙박하러 가지만 이 커플은 둘러보러 올라가는 길이라고 한다. 독일에서 왔는데 한 달 반 동안의 한국 여행이란다.

속초, 강릉을 둘러보고 경주와 남해를 거쳐 다시 서울로 돌아갈 계획이라고 한다. 여행자는 여행자를 알아보는 법! 배낭을 메고 여행하는 그들이 반가워 나는 썬크루즈 입장료는 투숙객인 나와 함께 들어가면 내지 않아도 되니 함께 가자고 했다. 그들도 처음 만난 낯선 사람의 호의가 싫지 않은지 고맙다고 답한다.

 엄마는 한술 더 떠 우리가 머무는 방에 여유가 없냐고 물으신다. 콘도형 객실이지만 하나로 툭 터진 공간이라고 하니 아쉬워하신다. 말은 안 통하지만 한국에서 만난 사람들이 잘해주면 얼마나 좋으냐고. 당신 딸도 저렇게 여행할 것을 생각하니 좋은 곳에서 하루라도 재워 보내고 싶으신 모양이다. 당연히 그들은 거절이다. 강릉에 숙소가 있

으니 그곳으로 가면 된다고. 이렇게 길도 안내해주고 함께 들어오게 해줘 고맙다며 연신 "감사합니다"를 외친다.

스웬과 카트리나 독일인 커플에게 내 전화번호와 이메일 주소를 적어주고 인사했다. 서울에 오면 연락하라고, 이렇게 만난 것도 인연인데 공짜로 서울 가이드도 해주고 맥주도 한잔 살 테니 꼭 연락하라고 했다. 그들은 여행의 막바지에 서울로 돌아와 연락하겠노라고, 정말 고맙다는 말만 되풀이하며 다시 정동진 마을로 내려갔다. 외국 배낭여행자들의 모습만 봐도 말을 건네고 도와주고 싶은 마음이 자꾸 드는 건 나도 어쩔 수 없는 여행자이기 때문인가 보다.

　엄마와 함께 산책에 나섰다. 정동진의 바다가 한눈에 내려다보이는 곳에 서서 바람을 실컷 맞았다. "아이고야, 아주 좋다"만 반복하는 엄마. 이렇게도 좋아하시는데 나는 그렇게도 자주 길을 떠나면서 왜 그리 함께 올 수 없었을까, 미안한 마음뿐이다.

　우럭이 싱싱해서인지 특별한 양념도 없이 된장, 고춧가루, 마늘, 고추, 콩나물만 넣은 매운탕이 일품이다. 엄마도 맛있다면서 밥 한 그릇을 뚝딱 비우셨다. 쫄깃쫄깃한 우럭의 살이 매콤하고 시원한 국물과 참 잘 어울린다. 이렇게 동해로 와 매운탕을 먹으니 아빠 생각이 간절하다. 아빠가 돌아가시기 전 아빠, 엄마와 나 이렇게 셋이 속초에 가 회와 매운탕을 먹고 평창을 여행하던 날이 있었다. 엄마도 어쩌면 아빠 생각이 간절하지 않을까 싶어 오늘은 아빠 얘기를 참기로 했다.

　오랜만에 장거리 버스를 타서 피곤하셨는지 엄마는 어느새 넓은 침대에서 코를 골며 잠드셨다. 내일 아침 일찍 일어나 다시 13구간이 시작되는 주문진 해변까지 가려면 일찍 자두는 것이 좋겠다 싶어 푹 쉬게 해드렸다. 설거지하고 발코니에서 바다를 한참 바라보다 들어와 나도 잠이 들었다.

정동진과 주문진은 강릉의 끝과 끝이다. 대중교통을 이용해 주문진 해변으로 가려면 다시 강릉 시내로 나와 버스를 갈아타야 한다. 다행히 운이 좋아 버스 시간이 잘 맞아 오래 기다리지 않고 주문진 해변에 닿을 수 있었다. 엄마는 작게만 생각했던 강릉이 이렇게 큰 줄 몰랐다면서 놀라셨다.

우리가 오늘 걸을 13구간 '향호 바람의 길'은 주문진 해변에서 시작해 향호를 끼고 돌아 솔숲을 걷고 향호리 저수지를 한 바퀴 돌고 향호마을을 돌아 다시 향호로 돌아오는 14킬로미터 길로 네 시간 정도 코스인데, 엄마의 걸음 속도가 느리니 쉬는 시간까지 합해 다섯 시간 정도는 걸리지 않을까 싶었다.

엄마는 그리 잘 걷는 편이 아니다. 지난번 관악산에 나섰을 때도 숨이 차서 관악산 중턱에도 못 미치고 포기해 다시 집으로 돌아간 기억이 있다. 그도 그럴 것이 우선은 관절염을 앓고 있고, 팔 년 전쯤 무릎 뒤쪽에서 물혹을 떼어내는 수술을 한 뒤로 무리한 운동은 금물이었다. 이번에도 걸으면서 엄마가 힘들어하시거나 체력에 부칠 때는 주저 없이 걷기를 포기하려던 참이었다. 나에게는 엄마와 길을 떠나온 것 자체만으로 소중한 시간이었다.

버스정류장에서 내려 주문진 해변을 따라 걸었다. 이른 아침의 해변이라 여행자들도 없고 한적하기만 하다. 햇살 아래 조각조각 빛나는 파도 알갱이들이 밀려왔다 빠져가기를 반복한다. 아무 말 없이 바다를 곁에 두고 걷는 엄마는 무슨 생각을 하고 계실까. 다 큰 딸과 엄마의 느린 바우길 걷기는 그렇게 시작되었다.

강릉 바우길

주문진 해변을 벗어나 왼쪽으로 꺾어진 바우길은 7번 국도 밑을 통과해 향호를 따라 산책로로 이어졌다. 향호도 경포호처럼 바다의 만이 막혀 생긴 석호다. 바닷가 근처의 모래가 파도와 바람으로 언덕을 이루고 조류가 운반해온 모래와 암석들이 쌓이면서 만의 입구가 막혀 바다 호수가 된 것이다. 이러한 석호는 특이한 환경으로 천연기념물이 산재하는 생태 현장이 되기도 한다. 고려 충선왕 때 동해 사면에 흐르는 계곡의 하류와 동해안의 바닷물이 만나는 지점에 향나무를 묻는 매향의 풍습에서 유래한 이름이라고. 데크가 잘 닦인 호수 산책로는 인근 주민들에게도 산책로로 사랑받고 있다. 더욱이 갈대 가득한 호수 건너 잔솔밭 위로 펼쳐진 눈 덮인 태백산맥의 마루금도 멋진 배경이 되고 있었다. 데크를 따라 걷는 엄마의 발걸음도 아직은 가볍다. 살랑살랑 불어오는 바람과 따스한 햇볕에 봄의 기운이 묻어난다.

데크를 따라 향호를 3분의 2 정도 돌고 나니 데크 밖 군부대 뒤편으로 리본이 이어져 있다. 그런데 리본이 데크를 따라 향호 쪽으로도 계속 이어져 있다. 여기서 길이 좀 혼란스럽다. 다른 구간처럼 화살표나 솟대 표시가 아직은 없어서 헤매기 쉬운데 엄마와 나는 호수를 따라서 더 가보았지만. 호수 끝에서 리본이 사라지니 군부대 갈림길에서 호수를 벗어나 산 쪽으로 빠지는 것이 맞다. 더욱이 주의할 것은 강릉의 바우길과 길을 같이한 해파랑길도 여기서는 바우길과 함께하지 않고 7번 국도 쪽으로 벗어나 북쪽으로 향하니 해파랑길 표시를 따라가서는 안 된다. 지도를 봐도 7번 국도를 만나기 전에 향호를 벗어나 왼쪽으로 접어드니 군부대 쪽으로 좌회전하는 것이 맞다.

엄마와 한참 길을 헤매다가 군부대 쪽 산길로 접어드니 소나무가

가득하다. 소나무가 가득한 걸 보니 길을 제대로 왔나 싶다. 고속도로를 만나기 전까지는 계속해서 좁은 임도의 소나무 숲길이다. 엄마가 숨을 깊게 들이마시며 공기가 너무 좋다면서 신이 나셨다. 소나무 숲 여기저기 떨어진 솔방울 중에서 크고 잘생긴 놈만 골라 내 배낭에 챙겨 넣으시는 게 영락없는 소녀 모습이다. 길에서 만난 개들을 보고도 그렇게 반가워하실 수가 없다. 저 멀리 있는 개에게도 손을 흔들며 "아이고, 저놈 좀 봐라. 꼬리를 저렇게 크게 흔든다"고 연신 즐거워하신다. 나는 엄마가 개를 싫어하시는 줄 알았는데 아니었나 보다. 신이 나서 들뜬 엄마를 보니까 참 잘 왔구나 싶다.

"나는 네가 걷는 여행 다닌다고 했을 때, 걷는 걸 두고 무슨 여행이라고 할까 생각했다. 엄마 어렸을 때는 걸어서 다니는 게 그냥 보통이었는데 말이다. 소 먹일 때도 걷고 땔감 나무 하러 갈 때도 걸었는데, 하고 생각했지. 그런데 서울에서 살고 이렇게 공기 좋은 곳을 걸어보니 알겠네. 천국이 따로 없네. 막 건강해지는 느낌이야. 이제 앞으로 걸으러 갈 때 엄마도 데리고 다녀. 응?"

엄마는 경주 시내 옆 현곡이라는 작은 마을에서 태어나 자랐다. 어렸을 때는 가난하고 못 살아서 보리밥만 먹어도 행복했다고 한다. 학교 가기 전까지는 소 끌고 나가 산에서 풀 먹이고, 땔감으로 쓸 나무를 하러 산에 다녔다고 한다. 그렇게 가난하고 못 먹고 살았어도 지금 생각해보면 그때 먹었던 밥만큼 맛있는 밥이 없고, 그때만큼 좋았던 때가 없다고 하신다. 나이가 드시니 자꾸 어린 시절이 그리운가 보다. 내가 이제 나이도 먹을 만큼 먹게 되고 사회생활을 해보니 엄마 아빠가 얼마나 열심히 살았는지 알게 된다. 왜 그렇게 악착같이 아끼고, 유별나다 싶을 정도로 억척이었는지 이제는 잘 안다. 세상의 모든 엄마 아빠는 위대한 존재다.

아빠와 엄마는 열세 살의 나이 차로 결혼했다. 외할머니께서 도시락 싸들고 쫓아다니며 반대했지만 결국에는 손을 드셨다고 한다. 엄마는 경주에서 올라와 공장에 다니던 시절이었다. 고등학교 때까지 체조선수였던 아빠는 사소한 실수로 다리를 다쳐 운동을 못하게 되었고, 학구적인 분위기였던 친가에서 아빠에게 공부 압박을 넣자 청주에서 도망치듯 서울로 올라와 남대문에서 배달 일을 하며 지냈다고 한다. 그러다가 엄마와 같은 공장에 다니던 지금의 작은엄마께서 아빠와 엄마의 만남을 주선했고, 잘생긴 아빠에게 홀랑 넘어간 엄마는 많은 나이 차이에도 아랑곳하지 않고 결혼을 했다고 한다.

공장에 다니던 엄마, 집에서 도망치듯 서울로 온 아빠. 두 분 모두 빠듯한 살림이었다고 한다. 당시 결혼을 해서 쌀장사를 크게 하던 엄마의 고모인 고모할머니에게 10만 원을 꿔서 가게를 얻고 쌀장사를 배웠다. 가게에 딸린 작은 쪽방에서 시작한 신혼집은 그 후 쌀장사를 하면서 아끼고 모아 쌀가게 안집 방 한 칸, 쌀가게 골목집의 큰방 한 칸, 다시 그 집의 방 두 칸……. 이런 식으로 천천히 살림도 집도 늘어갔다. 그때만 해도 동네마다 쌀집이 있던 시절이었다. 요즘처럼 차나 오토바이가 흔하지 않던 시절이라서 자전거로 배달하던 때였다. 아빠는 젊은 시절 다친 다리 때문에 힘을 잘 쓰지 못하니 그 무거운 짐을 들고 거들었던 건 모두 엄마의 몫이었다.

그렇게 억척스럽게 아끼고 모았던 덕분에 집도 몇 채 사고, 1993년에는 지금 살고 있는 작은 집을 지어 들어왔다. 그러다가 대형 마트와 할인점들이 생기면서 쌀가게는 문을 닫고 말았다. 그래도 모아놓은 돈이 있어 우리 3남매 대학도 보내고, 오빠 장가도 보내면서 여분의 집과 돈을 모두 썼다. 엄마는 그러셨다. 돈 벌 때는 모르지만 못 벌면 금세 바닥이 나고 만다고. 쌀가게를 그만두고 난 이후에도 엄마는 일하는 걸 멈추지 않으셨다. 일을 하시니 나와 여행을 떠나오기도 그리 쉽지 않은 것이었다.

나도 이렇게 나이를 먹고 보니 엄마 아빠가 얼마나 열심히 사셨을까 싶다. 아픈 두 다리가 괜히 아픈 것은 아니다. 그런 엄마에게도 나처럼 젊은 시절이 있었을 걸 생각하니 내 두 눈이 뜨거워진다. 난 언제나 무뚝뚝한 딸이라서 다른 딸들처럼 엄마와 여행도 자주 하고, 수다도 재잘재잘 떨면서 그렇게 살갑게 굴지 못해 더 미안하다. 그래도 이렇게 느리게나마 엄마랑 함께 걸을 수 있는 것만으로도 감사해야 하는지 모르겠다.

　길은 다시 넓은 임도로 펼쳐져 동해고속도로 밑을 통과했다. 인적 드문 이곳에 자전거 두 대가 지나간다. 아들과 아빠의 모습이다. 길이 좋아 자전거 코스로도 유명하다더니 진짜 그런가 보다. 걸어가는 모녀와 자전거 타고 가는 부자.

　길은 다시 좁은 산길 숲 속으로 이어졌다. 향호리 저수지를 끼고 한 바퀴 크게 도는 길이다. 이제 보니 길가에 개나리도 노랗게 꽃봉오리를 올리고, 철 이른 진달래도 한두 송이 피었다. 그리고 성질 급한 매화나무도 하얀 꽃을 퍼뜨렸다. 정말 봄이다. 엄마와 걸으니 봄이 더욱 눈앞에 가까이 다가선 느낌이다. "이것 봐라. 온통 푸른 새싹들이 올라오려고 하지 않느냐. 참 신기하다. 그렇지?" 하시면서 엄마도 봄소식이 여간 반가운 게 아니신가 보다.

향호리 저수지 길을 걷다가 논 옆에 앉아 햇살을 받으며 좀 쉬었다. 생각보다 엄마가 잘 걸어 기쁘고 고맙다. 그래도 힘드실 테니 내가 먼저 쉬자고 자리를 잡고 앉았다. 엄마는 내 배낭이 무겁다며 당신 주머니에 이것저것 간식을 챙겨 넣어뒀는데 그걸 꺼내시면서 어서 먹으라고 재촉이다. 힘드니까 먹어야 한다면서……. 그렇게 엄마와 나란히 앉아 떡도 먹고, 물도 마시고, 초콜릿도 먹는다. 다리는 아프지 않은가 물으니 아직 괜찮다고 하신다. 심한 오르막이나 빨리 걷는 건 무리이지만 그래도 이렇게 천천히 걷는 건 잘할 수 있다고 하신다. 내가 엄마를 닮았나 보다.

카메라를 둘러메고 걸으면서 별생각 없이 스치는데 엄마는 어서 사진을 찍으라고 재촉하신다. "이렇게 좋고 예쁜 길을 사람들에게 알려줘야 오지"라고 하시면서 말이다. 엄마 덕분에 다른 길보다 사진을 더 많이 찍은 것 같다.

향호저수지를 한 바퀴 돌아 산 능선 위에서 내려다보이던 집 앞까지 걸어서 내려왔다. 집 앞으로 펼쳐진 호수와 눈 덮인 산들을 보며 집 가꾸기에 한창인 노부부를 보던 엄마의 눈길이 슬퍼 보인다. 엄마도 분명 저렇게 살고 싶으실 텐데……. 지금 살고 있는 작은 집을 처분하고 고향인 경주로 내려가 텃밭 가꾸며 살자고 해도 엄마는 싫다고 하신다. 아빠와 평생을 일해 지은 집이니 떠날 수 없다고, 아빠 혼자 서울의 성당 지하에 남겨놓고 떠날 수 없다고……. 그 심정을 이해하면서도 쉽게 떠나지 못하는 엄마가 답답하기도 했다.

그렇게 엄마와 나란히 앉아 떡도 먹고,
물도 마시고, 초콜릿도 먹는다.
다리는 아프지 않은가 물으니
아직 괜찮다고 하신다.
심한 오르막이나 빨리 걷는 건 무리이지만
그래도 이렇게 천천히 걷는 건
잘할 수 있다고 하신다.
내가 엄마를 닮았나 보다.

아빠는 평생 병원이라는 것을 모르고 사셨다. 한겨울에도 감기 한 번 안 걸렸는데 예순여덟 조금은 이른 나이에 갑자기 세상을 떠나셨다. 아프기 시작한 지 오 개월, 병원에 입원한 지 두 달 만이었다. 아빠는 하나밖에 없는 딸이라고 나를 참 많이 예뻐하셨는데, 자라면서 걱정 한 번 안 끼치더니 회사를 오 년 만에 갑자기 그만두고 여행을 다니면서부터 사이가 많이 안 좋아졌다. 물론 아빠 마음이야 어련하셨겠지만 내가 예민하고 힘들어서 아빠와 참 많이 부딪쳤다. 그나마 다행스럽게 두 달 정도 입원한 동안 아빠와 살 부대끼며 병간호를 하며 서로에게 주고받은 상처를 풀 수 있었다.

엄마와 나는 산책하듯 아빠를 만나러 나간다. 시청으로 가는 버스를 타고 집에서 그리 멀지 않은 곳에 아빠가 잠들어 계시니까. 여행을 떠나고 돌아올 때마다 아빠에게 가 인사를 전한다. 그리고 괜히 마음이 울적하거나 아빠가 보고 싶은 날에도 훌쩍 아빠를 만나러 간다. 이렇게 가까운 곳에 있으니 아빠를 만나러 가는 길이 가깝다.

구불구불한 향호저수지를 한 바퀴 도는데 한 시간 정도 걸린 것 같다. 이제 길은 큰 도로로 마을을 따라나가다가 다시 오른쪽 임도로 접어들면서 향호목장을 지난다. 큰 두 눈만을 껌벅인 채 울지도 않는 소들은 엄마와 내가 신기했는지 목까지 쭉 빼며 우리를 따라 고개를 돌리며 눈길을 쫓았다. 좁다란 임도가 사라지고 다시 숲길이다. 길옆으로 가시가 삐죽삐죽 솟아나온 탱자나무도 가득하다. 처음에는 이 가시 많은 초록 줄기가 무언가 싶었는데 역시 시골에서 나고 자란 엄마는 한눈에 척 알아보신다. 탱자나무란다. 작은 귤처럼 생긴 탱자 열매는 그냥 먹지는 않고 술을 담가 먹는다고 한다. 말로만 듣던 탱자나무가 이렇게 생겼나 싶어 신기하다.

좁다란 길을 엄마랑 단둘이 걸으니 참 좋다. 내가 말이 없는 편이고 엄마도 그런 편이라 수다쟁이 모녀처럼 시끌시끌하지는 않지만, 간간이 하는 옛날 얘기들과 엄마의 속 얘기들을 나눌 수 있어 감사한 시간이었다. 더군다나 엄마의 두 다리가 예전보다 좋아진 것 같아 더욱 감사했다. 걷는 일은 이렇게 사람과 사람 사이를 이어주고, 감사할 일들에 더 깊은 감사를 전하게 된다는 점에서 의미 있다.

숲길을 한참 걷다 보니 다시 동해고속도로를 만났다. 고속도로 위를 건너 작은 마을들을 지나니 언제 걸었느냐는 듯 다시 향호를 만났다. 다시 만나는 향호가 반갑다. 오전 햇살과 살랑살랑 불던 봄바람이 사라지고 날씨는 구름 가득, 찬바람으로 바뀌고 있었다.

향호를 만나면, 13구간은 원점 회귀 코스라 다시 오른쪽 향호를 돌아 주문진 해변으로 향하면 된다. 여기서 엄마와 나는 주문진 쪽으로 돌아가지 않고 저 멀리 보이는 300번 버스의 종점인 향호리로 향했다. 바로 시내로 돌아갈 예정이라 버스정류장이 더 가까운 쪽으로 가기로 한 것이다. 향호를 만나 왼쪽으로 틀어 향호를 따라가면 향호리 버스 종점이 나온다. 자주 있는 버스가 아니라서 행여 버스를 놓칠세라 엄마와 나는 온 힘을 다해 걸었다. 엄마의 발걸음이 날아갈 듯 재빠르다. 뛰다시피 도착해 올라탄 버스에는 엄마와 나, 그리고 향호리를 떠나 주문진시장으로 향하는 젊은 여행자 두 명이 전부다. 오전에 왔던 길을 되짚어 다시 시내로 향했다. 고단했는지 엄마는 창문을 살짝 열어두고는 꾸벅꾸벅 졸고 계셨다. 젊은 나도 네 시간 걸으면 발바닥이 아프니 엄마에게도 그리 쉬운 걸음은 아니었을 것이다. 또다시 길을 떠나와 나와 함께 이렇게 여유 있게 걷자고 마음속으로 엄마에게 말을 건넨다.

다시 도착한 중앙시장에서 길을 물어 소머리국밥을 한 그릇 뚝딱 먹었다. 엄마도 맛있다고 좋아하신다. 열심히 걷고 먹는 밥이라며 뿌듯해하신다. 이렇게 소박한 행복을 여태껏 왜 자주 못하고 살았는지 후회스럽다. 시장에서 자반고등어, 봄나물, 코다리를 사고 엄마는 신이 났다. 서울보다 값은 저렴하면서도 양은 푸짐해 주부 마음이 발동했나 보다. 네 시간 정도 걸어서 힘들 텐데 늦은 점심으로 다시 힘이 솟았는지 양손에 짐을 가득 들고 터미널로 향하는 발걸음이 가벼워 보인다.

이제 다시 서울로 간다. 엄마와의 짧은 여행도 이렇게 끝나고 있다. 지금까지 주말마다 강릉에 내려와 혼자서도 걷고, 좋은 친구들과도 여러 번 걸었지만, 엄마와 함께 걸은 13구간만큼이나 행복한 걸음도 없었다. 여행자들이여, 한 번쯤은 우리가 가진 속도가 아닌 엄마 아빠의 속도로 함께 걸어보자. 그러면 그 길에서 한 사람이 걸어온 그 모든 길을 파노라마처럼 만나게 될 테니까…….

버스 창밖은 이미 어두워져 가고 얼핏 훔쳐본 엄마는 그새 잠이 들었다. 바람이 조금 더 따듯해지고, 길가에 모든 꽃이 피고 초록잎들이 춤을 출 때, 그때 다시 엄마와 길을 나서야겠다. 이제는 함께 걷고 함께 행복해야겠다.

닥이 아프니 엄마에게도 그리 쉬운 걸음은 아니었을 것이다. 또다시 길을 떠나와 나와 함께 이렇게 여유 있게 걷자고 마음속으로 엄마에게 말을 건넨다.

다시 도착한 중앙시장에서 길을 물어 소머리국밥을 한 그릇 뚝딱 먹었다. 엄마도 맛있다고 좋아하신다. 열심히 걷고 먹는 밥이라며 뿌듯해하신다. 이렇게 소박한 행복을 여태껏 왜 자주 못하고 살았는지 후회스럽다. 시장에서 자반고등어, 봄나물, 코다리를 사고 엄마는 신이 났다. 서울보다 값은 저렴하면서도 양은 푸짐해 주부 마음이 발동했나 보다. 네 시간 정도 걸어서 힘들 텐데 늦은 점심으로 다시 힘이 솟았는지 양손에 짐을 가득 들고 터미널로 향하는 발걸음이 가벼워 보인다.

이제 다시 서울로 간다. 엄마와의 짧은 여행도 이렇게 끝나고 있다. 지금까지 주말마다 강릉에 내려와 혼자서도 걷고, 좋은 친구들과도 여러 번 걸었지만, 엄마와 함께 걸은 13구간만큼이나 행복한 걸음도 없었다. 여행자들이여, 한 번쯤은 우리가 가진 속도가 아닌 엄마 아빠의 속도로 함께 걸어보자. 그러면 그 길에서 한 사람이 걸어온 그 모든 길을 파노라마처럼 만나게 될 테니까……

버스 창밖은 이미 어두워져 가고 얼핏 훔쳐본 엄마는 그새 잠이 들었다. 바람이 조금 더 따듯해지고, 길가에 모든 꽃이 피고 초록잎들이 춤을 출 때, 그때 다시 엄마와 길을 나서야겠다. 이제는 함께 걷고 함께 행복해야겠다.

얼핏 훔쳐본 엄마는 그새 잠이 들었다.
바람이 조금 더 따듯해지고, 길가에
모든 꽃들이 피고 초록잎들이 춤을 출 때,
그때 다시 엄마와 길을 나서야겠다.
이제는 함께 걷고 함께 행복해야겠다.

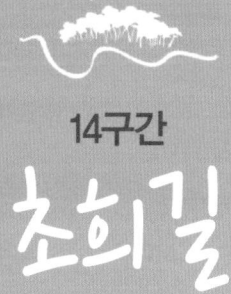

14구간
초희길

거리 약 11km 시간 3~4시간
코스 강릉시청 주차장–시외버스터미널–원대제삼림욕장–강릉미술관–명륜고교–소동산 봉수대–춘갑봉–허균 · 허난설헌 유적지–경포 해변
교통 자가용 영동고속도로–강릉IC–금산IC–시내 방향–강릉시청 주차장
대중교통 **시내버스** 버스터미널 회차 202, 202-1번 수시운행

초희길 코스 지도

바다로 향하는 소나무 숲, 안녕!

몇 달간 만났던 바다로 향하는 소나무 숲. 그 길들을 걸으며 불어오는 바람에 몸을 맡기고, 때로는 쏟아지는 비와 눈에 마음을 내맡기며, 지나간 사람들에도 마음을 내려두고, 지나간 추억에도 흔들리며 그렇게 지금까지 왔다.

새벽 여섯 시. 그렇게 다시 강릉으로 가는 첫차를 타기 위해 눈을 떴다. 해 뜨는 시간이 빨라졌는지 밖은 벌써 훤하다. 처음 바우길을 걸으러 길을 나설 때는 온통 어둠이었는데 말이다. 그 어둠만큼이나 길을 떠나 걷는다는 것이 얼마나 겁나고 외로운 일이었는지 모른다. 그래도 바우길만큼은 다른 길보다 외로움이 덜했다. 언제든 마음만 먹으면 떠날 수도, 돌아올 수도 있는 길이었다. 언제든 마음이 함께라면 좋은 사람들과 나란히 걸을 수 있는 길이었으니 말이다.

영동고속도로에 올라선 버스는 평일이라 그런지 조금의 막힘도 없이 강릉을 향해 내달렸다. 하얀 눈 소복하게 쌓였던 강원도의 어느 산자락도 이제는 군데군데만 희끗희끗하고 눈이 녹아 봄을 향해 계절을 갈아입고 있었다. 내가 걸었던 시간만큼 자연에도 어김없이 시간이 덧입혀진 것이다.

공식적으로는 바우길 14구간 중 마지막 구간이다. 정규 구간 외에도 계곡 바우길, 눈꽃마을길, 국민의 숲길, 울트라 바우길이 있지만 겨울을 나면서 길 표시를 찾기 어렵거나 길게는 사나흘 걸리는 길이라 혼자서는 길을 나설 수 없어 훗날 좋은 길동무들과 함께하기로 하고 오늘은 14개 구간 중 마지막 구간인 14구간을 혼자 걷기로 했다. 결코 마지막이 아닐 테지만 몇 달간 바우길의 전체 구간을 걷고 쉼표라고 생각하니 모든 순간을 쉽게 흘려보낼 수 없을 것 같은 아쉬운 심정이다.

바우길 14구간 '초희길'은 강릉시청 주차장에서 시작해 버스터미널, 원대재삼림욕장, 강릉미술관, 명륜고등학교, 춘갑봉을 거쳐 허난설헌 유적지를 지나 경포호와 경포 해변에 이르는 11킬로미터의 코스이다. 허난설헌의 본명인 허초희에서 따와 길의 이름을 짓고 허균·허난설헌 유적지까지 소나무 숲길을 따라 바다로 나아가는 길이다.

버스터미널을 나오자 빨갛고 하얀 바우길 리본이 나를 반긴다. 소나무 숲길이 아닌 건물과 차들이 가득한 시내에서 만나는 바우길 리본이 새삼 반갑다. 새롭게 제작한 푸른 솟대의 바우길 표지판도 눈에 띈다. 시내를 관통하는 길이라 조금은 긴장된다. 차도 신경 써야 하고, 다른 구간보다 사람도 많을 것이고, 무엇보다도 길 찾기가 쉽지 않을 것이 분명했기 때문이다. 더군다나 14구간은 아직 바우길 지도에 반영되지 않아서 바우길 리본과 바우길 홈페이지에 올려진 위성지도와 설명을 참고해 길을 찾아야 하기 때문이다.

시작이 좋았다. 시내라서 리본이 많이 훼손되었을 것이라는 예상과 다르게 희고 깨끗한 리본이 친절하게 바람에 나부끼고 있었다. 아마도 리본 표시를 해놓은 지 얼마 되지 않은 모양이다.

　터미널 앞 큰 도로의 횡단보도를 건너 길은 주택가를 벗어나 뒷산으로 향하고 있었다. 예상대로 마을을 버리고 흙길을 향해 가고 있는 것이다. 이곳저곳에서 봄이 왔다고 야단이다. 앞다투어 피어난 노란 개나리꽃이 바람에 한없이 흔들리고 있었다. 땅 곳곳에서 푸르고 연한 것들이 흙을 밀어 올리고 새봄의 공기를 맡느라 바쁘다. 그 흙들 사이로 사람들의 손길도 분주하게 움직이고 있었다. 바우길을 처음 시작할 때와는 참 다른 풍경이다. 길을 걸은 시간만큼이나 계절도 흘러 봄이다. 하마터면 마지막 바우길 걸음이고 혼자라서 조금은 쓸쓸할 것 같았던 길이 봄의 기운으로, 불어오는 봄바람의 기운으로 푸릇푸릇하다.

　민가를 지나 다시 소나무 숲길이다. 원대재삼림욕장으로 향하는 길이다. 강릉은 참 신기한 도시다. 서울에서는 상상할 수도 없는 소나무 숲길이 지천이다. 아파트 단지 가득한 뒷골목을 지나면 이렇게 소나무 빼곡한 언덕을 만날 수 있다. 이곳에 사는 강릉 주민은 이렇게 소나무 숲을 매일 오를 수 있는 행운을 가졌다는 것을 알까.

　야트막한 오르막이지만 따듯한 봄기운으로 이마에 송골송골 땀방울이 맺힌다. 원대재삼림욕장에서 내려다보노라니 강릉 시내에도 아

파트가 꽤 많다는 것을 처음 알았다. 평일이어도 동네 뒷산 정도로 여겨지는지 몇몇 어르신들이 산책 삼아 이곳을 오르내리고 있었다. 내리막길을 따라 아무 생각 없이 신 나게 흙길을 밟으며 내려갔다. 내려가는 길에 반대로 오르는 아주머니를 만나 인사도 건넸다. 그런데 갑자기 불길한 예감이 들기 시작했다. 단 한 개의 리본도 보이지 않는 것이다. 원대재삼림욕장 꼭대기에서 길이 특별히 여러 갈래로 나뉜 것도 아니고 내리막길을 따라왔을 뿐인데 불길한 기운이 스치고 지나간다. 외길이라 리본이 없는 것 아닌가 싶어 우선은 큰길까지 내려가기로 한다.

꼭대기에서 조금 내려오니 길이 몇 갈래로 나뉘어 있었는데 그 어디에도 리본 표시가 없다. 우선 큰길로 나와 스마트폰의 도움을 받기로 했다. 스마트폰의 지도 애플리케이션을 열어 현재 위치를 파악하고 바우길 홈페이지에 구간 정보를 열어 방향을 잡았다. 바로 앞에 교동 부영아파트가 보이는 것을 보니 정상에서 내려오는 길을 잘못 들었나 보다. 원래 바우길 방향과 정반대로 내려왔다. 이럴 때 바우길 지도가 있었더라면 방향을 잡고 향했을 텐데 지도가 없으니 문명의 도움을 톡톡히 받았다. 바로잡은 방향으로 향하니 다행히 바우길 리본이 보인다. 참으로 반갑다. 시작부터 길 찾기가 만만치 않을 것 같은 예감이 든다.

다시 바우길로 들어서 큰 도로를 건너 강릉제일고등학교 방향으로 향한다. 바우길은 큰길을 따르지 않고 여기서 왼쪽 공원길로 접어든다. 공원의 이름을 놓쳤는데 한창 길 꾸미기에 분주했다. 길 양옆으로는 이미 활짝 꽃봉오리를 펼친 벚나무가 황홀했다. 작은 공원을 빠져

나와 다시 큰 도로를 건너 언덕을 올라 낮은 산으로 접어들었다.
뒤돌아보니 예전에 강릉의 지인들과 찾았던 해물칼국숫집이 언덕 위에 자리하고 있었다. 해물이 그릇의 절반을 차지했던 엄청나게 푸짐한 칼국수라 기억에 남아 있다. 잠시 들러 점심을 먹고 갈까 고민하다 시계를 보니 아직 열한 시도 되지 않아 아쉬움만 남긴 채 다시 걸었다. 시내를 걸으니 점심을 먹을 곳이 많지 않을까 하는 생각에서였다. 열심히 걷고 먹는 밥이 그야말로 꿀맛이라는 것을 잘 아는 내가 배고프지도 않은데 밥을 먹을 수는 없었다.

나는 왜 바우길을 걷겠다고 다짐하고 길을 나섰을까. 누가 상을 주는 것도 아니고 기록에 남는 일도 더더욱 아닌 걷기 여행을. 소나무 숲길에서 뭔가를 얻고 싶어서였을까. 그 긴 길들을 걸으며 살아 있다는 것을 확인하고 싶어서였을까. 알 수 없는 노릇이었다.
백두대간부터 경포호와 정동진까지 잇는 300킬로미터가 넘는 산길과 바닷길을 한 발 한 발 걸어오면서 흘린 땀방울들 그리고 수없이 스친 수많은 풍경과 그 속에서 떠오르고 사라졌던 많은 기억도 이제 또 다른 추억의 한 장면으로 묻혀가겠지. 그리고 또 다른 길 위에서 이 길들을 기억해내겠지. 바우길을 시작하면서 새로 산 트레킹 신발도 이제 바람, 비, 진흙 모두를 만나 오래된 신발이 되어가고 있었다.
야트막한 야산은 사람의 발길이 드문 곳처럼 길 찾기가 쉽지는 않았지만, 간간이 있는 바우길 리본이 나의 나침반이 되어주었다. 야산의 비탈은 옹기종기 모여 있는 집들의 텃밭 역할을 톡톡히 해내는 것 같았다. 가지런히 심어둔 파가 부지런한 누군가의 손길을 그대로 느끼게 해준다.

밭길이 끝나갈 즈음 오밀조밀 모인 집이 나타나고 사나운 개 한 마리가 눈앞에서 사정없이 짖어댄다. 한가로운 봄볕을 즐기고 있다가 나타난 낯선 이의 발걸음 소리가 꽤 신경 쓰이는 눈치였다. 개는 동네가 떠나갈 듯 짖어대는데 텃밭의 막다른 길 리본이 어디 있는지 보이지를 않는다. 혹시나 길도 없는 산비탈을 내려가야 하나. 아니다, 바우길이 그렇게 불친절한 길로 안내할 리는 없다. 개가 짖고 있는 마을 쪽을 보니 양 갈래 길이었는데 나무 계단이 이어진 끝에 빨간 리본이 흔들리고 있었다. 옹기종기 모여 있는 집뿐이라 리본을 달기가 모호했던 모양인지, 달아놓은 리본이 도망갔는지 알 수 없는 노릇이었다. 나무 계단을 한참 내려오니 사납게 짖던 개도 소리를 멈췄다.

길은 강릉제일고등학교 뒷동네로 이어졌다. 동네 마을길이 정겨웠다. 담장 하나 없는 단층집들이 그랬고, 알뜰하게 공간을 마련한 집 앞뜰의 초록 생명들이 반가웠다. 오랜만에 보는 평상 위에 늘어져 봄볕을 즐기다 놀란 고양이의 천연덕스러움도 반가웠다. 초희길은 그야말로 온통 봄날이었다.

나도 봄볕에 취해, 정겨운 동네 뒷길을 느릿느릿 걷고 있었다. 학생들의 온갖 수다가 담장 너머로 새어나오는 학교 뒷길을 걸어 개나리 꽃 활짝 핀 언덕을 넘으니 거짓말처럼 강릉미술관이 나타났다. 강릉에 있는 친구가 강릉 시내 중에서 가장 사랑하는 장소라고 했던 곳이다. 주말이면 강릉미술관에 찾아가 이런저런 작품들도 보고, 한눈에 시내를 내려다보는 그 풍경이 너무나 좋아 미술관 옆집까지 알아보는 그런 애정 어린 장소였다.

　나도 그곳 의자에 앉아 한참 강릉 시내를 내려다보았다. 아마 강릉 시내에서 가장 높은 곳은 아닐까. 도시에서 나고 자란 나는 건물이 빼곡하게 들어선 풍경을 내려다보는 것보다는 탁 트인 시야에 바다나 산을 보는 것이 더 좋지만, 이곳에서 나고 자란 강릉 친구라면 어쩌면 조금은 도회적인 이런 풍경이 더 좋을 수도 있겠구나, 생각이 들었다.

　한참을 머물던 미술관 앞길을 따라 언덕을 내려오니 아주 커다란 벚나무가 하늘하늘한 엷은 꽃잎을 살랑대며 그곳에 서 있었다. 나무 아래에서 하늘을 바라보니 온통 꽃만 보여 황홀하다 싶을 정도였다. 나는 사계절 중에 봄을 가장 못 견뎌 했다. 도통 가만히 앉아 이 계절을 흘려보낼 수 없었는지 어디로든 돌아다녀야만 했다. 마음이 들떠서 사람에게도, 공부에도, 일에도 집중할 수 없는 시기가 바로 봄이었다. 그런 계절이 또다시 찾아왔다.

　대학 시절 우리 학교에는 오래된 은행나무만큼이나 크고 굵은 벚나무가 한 그루 있었는데 봄만 되면 바람에 날리는 벚꽃이 그렇게 좋을 수 없었다. 한번은 수업까지 땡땡이 쳐가면서 그 나무 아래에 앉아 있고는 했는데 지금 생각하면 참 유치했지만 바람에 떨어지는 벚꽃 잎을 손으로 잡으면 첫사랑이 이루어진다나 뭐라나. 내 기억으로 여러 장의 꽃잎을 잡았지만, 그 이후 만났던 첫사랑은 결코 이루어지지 않았다. 옅은 분홍 꽃잎을 한없이 피워 올린 나무 아래에서 하늘을 올려다보니 온통 벚꽃이다. 온통 첫사랑이고 지나간 사랑이다.

잠시 첫사랑 생각을 하다 보니 길은 '행복한 모루'라는 이름의 도서관으로 향했다. 도서관으로 향하는 벽의 타일을 바라보니 웃음이 절로 나온다. 여러 시민이 참여해 타일에 그림을 그리고 그 타일을 붙여 벽을 꾸몄다. 수묵화를 연상시키는 어른들의 그림부터 무언지 알아보기 어려운 아이들의 그림까지 온통 행복이 넘쳐나는 길이었다. 나에게 '행복'이라는 주제로 그림을 그리라면 무엇을 그려 넣을까. 그건 참 어려운 질문이지만 아마도 길을 걷고 있는 누군가의 발자국이나 배낭을 그려 넣지 않을까.

한참을 미소 지으며 리본을 찾아 큰길을 건너 명륜고등학교 쪽으로 향했다. 여기서도 길이 조금 헷갈린다. 명륜고 정문 앞 어디에도 리본이 없다. 아무래도 시내이다 보니 리본을 달아두어도 금방 훼손되는 모양이다. 하지만 언제나 그랬듯 바우길에서 길이 헷갈릴 때는 소나무 숲길을 따라가면 그게 옳은 길일 확률이 아주 높다. 14구간을 걸을 때는 반드시 바우길 홈페이지에 올라온 14구간 정보 지도를 확인하면서 걷는 편이 길을 헤매지 않는 유일한 방법이다.

소나무 가득한 동네 언덕 같은 명륜고 뒷산을 넘어 다시 큰길을 건너 또 하나의 낮은 산. 동네 뒷산이라고 우습게 볼 수는 없다. 왜냐하면 그 낮은 산에도 빼곡하게 소나무가 들어서 있으니까.

　　소동산 봉수대로 향하는 길에는 소소한 즐거움이 있다. 큰 도로를 따라 걷다가 11번지 골목길을 따라 봉수대에 도착하게 되는데 큰길에서 골목길을 찾아 들어가기가 어려웠다. 큰길의 나무를 따라 흔들리던 리본이 갑자기 사라졌기 때문이다. 바우길 홈페이지의 지도를 보면서 걷던 터라 오른쪽 골목길로 들어서야 한다는 것을 알고 유심히 살피면서 걷는데, 맙소사! 고개를 처마 끝으로 올려다보니 그곳에 앙증맞게 짧은 리본 하나가 보물찾기하듯 홀로 흔들리고 있었다. 아마 유심히 보지 않았다면 찾기 어려웠을 리본이다. 한 사람이면 좀 여유 있게 걸을 만한 좁은 길로 담도 없는 집과 집 사이를 지나 발걸음마저 조용조용 걷게 하는 골목길이다. 바우길 14구간은 길 찾기가 꽤 어렵지만 이렇게 사람 사는 동네를 엿보면서 걷는 재미가 쏠쏠하다.

　소동산 봉수대에 오르니 강릉 시내 일대가 한눈에 내려다보인다. 그러니 그 옛날 봉수대 역할도 했을 것이다. 이곳은 신증동국여지승람에 기록되어 조선 중기까지도 활용된 봉수대라고 한다. 그러나 원래는 이곳이 아닌 포남배수지 중앙에 있었는데 그곳이 사라지면서 지금의 자리로 옮겨 복원했다고 한다.

　이곳에서 14구간의 가장 아름다운 길이 펼쳐진다. 아기자기한 골목길도, 햇볕 내리쬐는 한적한 뒷동네의 풍경도 아름답지만, 그보다 더 아름다운 소나무 숲길과 소나무 사이로 흐르는 바람을 맞을 수 있는 한적한 길이 눈앞이다. 소동산 봉수대에 내려서 한적한 도로를 따르다가 길은 좁다란 솔숲으로 이어진다. 바로 포남동의 주산인 춘갑봉으로 향하는 길이다.

　춘갑봉에서 경포호를 만나기 전까지 이어지는 높지도 낮지도 않은 솔숲의 오르막과 내리막은 그야말로 평화롭다. 솔숲 사이로 흐르는 공기의 채도가 하도 높아서 마냥 하염없이 걸어도 원이 없겠다 싶을 정도이다. 도시의 번잡함에서 벗어나 이제 막 초록잎을 살짝살짝 내

미는 향긋한 솔숲을 산책하듯 조용히 걸을 수 있다는 것에 감사함을 느낀다. 발끝에서 머리끝까지 전해지는 땅의 기운을 오롯이 느끼면서 말이다. 바우길 어느 구간에서나 솔숲을 접하지만 이렇게 고요하면서도 편안한 느낌이 깊이 배어난 적이 있었던가 싶다. 이런 길을 매일매일 걸을 수 있다면 얼마나 큰 축복일까. 갑자기 강릉으로 내려와 짧은 기간이라도 살아봤으면 좋겠다는 소망을 가슴에 품었다.

언제까지 이어져도 좋을 편안한 솔숲길이 끝나고 도로를 만났다. 신기하게도 길은 경포호로 향하는 도로와 맞닿아 있었다. 산에서 방향 감각 없이 걷다가 거짓처럼 목적지에 다다른 느낌이랄까. 더욱 신기한 건 삼 년 전 강릉의 친구를 처음 만나러 와 너무나 맛있게 먹었던 산나물정식 식당이 도로에 나오자마자 있어 놀랐다. 마치 거기서 내가 오기를 기다리고 있었다는 듯이……. 그 맛을 지금도 잊을 수가 없다. 반찬은 고기 하나 없이 모두 산에 나는 나물을 무치고 담근 것들이었는데 그렇게 향긋하고 정갈할 수가 없었다. 그 맛이 잊히지 않아 몇 차례 더 찾았는데 갈 때마다 시간이 이르거나 계절상의 이유로 그 맛을 볼 수 없던 참이었다. 이번에는 성공할 수 있을까. 점심시간이 훌쩍 지났고 배도 고프던 참이었다. 문을 열고 식당으로 들어섰지만, 이번에도 퇴짜였다. 혼자라서 정식 상차림을 차리기가 여의치 않은 모양이었다. 고대했던 맛집에서 혼자 다니는 서러움을 맛보다니! 아쉽기만 했다. 한두 번도 아닌 퇴짜! 아쉬운 대로 초당두부집으로 가 하얀 순두부에 양념간장을 넣고 밥을 쓱쓱 비벼 한 그릇 뚝딱 비웠다. 산나물이 아니어서 아쉽긴 하지만 영원한 나의 사랑 두부이니 그리

서운할 틈도 없다.

밥을 든든히 먹고 다시 길을 나섰다. 바우길 리본을 찾아 길에 들어서니 지난번 11구간 '신사임당길'의 종착지였던 허균·허난설헌기념관 뒷마당으로 이어졌다. 그리하여 길은 다시 드넓은 솔숲, 바로 내가 강릉의 솔숲 중에 가장 좋아하는 허난설헌의 생가 앞 소나무 숲으로 나 있다. 11구간을 걸을 때와 계절이 변했다. 이 솔숲도 변했다. 5구간을 걸을 때는 눈이 왔고, 11구간을 걸을 때는 햇볕이 내리쬐었다. 그리고 지금 14구간을 걸을 때 솔숲의 배경은 온통 초록이다. 소나무 사이로 벚나무도 꽃망울을 터뜨려 분홍과 초록이 어우러졌다. 바우길을 걸으며 내가 아끼는 솔숲의 계절 변화도 함께 느낄 수 있었다.

마지막이라고 생각하니 걸음이 더욱 느려진다. 이제 길도 다 아는 구간이니 그리 서두를 이유도 없다. 솔숲은 경포호로 이어질 것이다. 세차게 눈비 맞으며 걷던 그 길에 봄이 찾아들었다. 호수 주변으로 노란 개나리와 아직 만개하지 않은 벚꽃이 수줍다. 금요일을 맞아 단체로 소풍 나온 어른들의 장기자랑 노랫소리도 정겹다.

바우길 리본은 나를 바다로 안내하고 있었다. 산에서 이어진 소나무 숲길이 바다로 이어지고 있었다. 경포호를 반쯤 돌아 도로를 건너 골목길을 100미터쯤 걸어가니 거짓말처럼 바다가 나왔다. 사람들이 옹기종기 모여 사는 동네를 지나고 소나무 숲길을 지나 호수길, 호수를 돌아 마침내 만나는 바다. 드디어 바우길의 마지막인 14구간의 끝, 경포 해변에 도착하고 말았다.

해변으로 이어진 산책 데크에 배낭을 풀고 앉았다. 아, 드디어 바우길을 다 걸었구나! 이 길을 다 걸으면 눈물이라도 날 것 같았는데, 그

한 발 한 발 걸어오면서 흘린 땀방울들,
그리고 수없이 스친 수많은 풍경과
그 속에서 떠오르고 사라졌던 많은 기억도
이제 또 다른 추억의 한 장면으로 묻혀가겠지.
그리고 또 다른 길 위에서
이 길들을 기억해내겠지.

냥 담담해지고 여기까지 잘 걸어온 내가 기특하기만 하다. 그리고 이래저래 고마운 것들만 잔뜩 생각났다. 고요한 봄바람이, 그 바람에 더 차분한 파도가 나의 마지막 걸음을 지켜보고 있었다.

 서울에 사는 내가 이렇게 강릉의 구석구석을 걸을 수 있으리라고 누가 생각이나 했을까. 모두 다 바우길 덕분에 만난 풍경이다. 이번 나의 길은 14구간 경포 해변에서 끝이 났지만, 바우길은 계속해서 만들어질 것이고 나 또한 계속해서 새로운 길을 걷겠지. 새로운 길뿐 아니라 이미 걸었던 길들을 다른 계절, 다른 시간에 다시 새로운 마음으로 걸을 것이다.
 걷기 시작하면서 나는 많이 변했다. 이것저것 잘해야만 하고, 잘하고만 싶었던 무언의 압력에서 벗어났다. 누구보다 더 자유롭게 살아갈 수 있는 용기를 얻었고, 그렇게 살아가려고 노력할 것이다. 다른 이들은 "네 나이에 걸맞게 살아야 한다"고 말하지만, 나는 지금의 내가 좋다. 사람들이 그어놓은 고정관념에서 벗어나 살고 싶다.
 마침내 목표한 만큼 끝냈다. 거리로만 본다면 그리 길지 않은 거리일 수도 있지만, 목표하고 끝까지 걷는다는 것이 쉽지 않다는 것을 나는 잘 안다. 그리고 그 길의 끝이 결코 끝이 아니라는 것 또한 나는 잘 안다. 끝이 아니라 어쩌면 기나긴 길 위의 짧은 쉼표라는 것을…….
 지금 이 기분이라면 나는 또다시 무엇인가를 꿈꾸고 시작할 수 있을 것이다. 힘겹게 걸어온 시간이 절실해져 너무나 소중해졌기 때문이다. 나는 이제 또다시 길을 걸으려 배낭을 꾸릴 것이다. 터벅터벅!

Epilogue

강릉으로 가는 길, 이름고도 아름다운 길, 바우길

그저 평범하게 마지못해 살다가 어느 날부터 바람처럼 걷고 걸으며 살았다. 그리고 거짓말처럼 내게 강릉이 펼쳐졌다. 꼭 가야만 할 것 같고 간절하게 가고 싶었다. 걸어야겠다고 마음먹었지만 길 떠나기 전 언제나 그랬듯 막막하고 걱정이 되기도 했다. 모든 구간을 무사히 마칠 수 있을까 은근한 근심부터 고개를 들었다.

날마다 해는 어김없이 떴고 날마다 바우길이 내 앞에 펼쳐져 있었다. 바람이 불어왔다. 해는 산 너머로 사라졌다. 파도가 거세게 몰아쳤다. 비가 내리고 눈이 왔다. 그리고 겨울 지나 봄이 왔다. 걷는 만큼 두 발도 아파졌지만, 그보다 더 큰 즐거움이 다가왔다. 산속의 바람, 소나무 숲의 향긋한 내음, 바다 위의 햇빛, 수줍게 피어난 꽃, 커피 내음과 사람들……. 일상에서 휙휙 지나가는 그 모든 것들이 내 발걸음의 속도만큼 느리게 다가와 머물다 떠나갔다.

그 길은 특별한 길이 아니다. 그저 사람과 사람이 이어놓은 아주 오래된 길이다. 누군가가 이미 걸었을 길을 내가 걷고, 또 다른 누군가가 내 뒤를 이어 걷게 될……. 아주 오랫동안 그렇게 이어지고 이어가는 길.

길 위에서 느린 속도로 더 느린 마음의 소리에 맞춰 해도, 바람도, 사연도 흐른다. 지나온 길만큼의 인생을 되돌아봤다. 그리고 앞으로 가야 할 인생도 떠올렸다. 강릉의 바우길 위에서 나는 묻고 또 물었다, 나에게!

그대들에게도 권하는 길, 바우길. 그 길 위에서 그대들도 마음에 귀를 기울일 수 있다면, 더 느린 속도로 흐를 수 있다면, 어쩌면 삶이 조금은 고요해지지 않을까.

초판 1쇄 2012년 8월 31일

| 지은이 | 김진아 |

발행인	양원석
총편집인	이헌상
편집장	우현진
편집	정은영
디자인	김미성, 김미지, 강아름
교정·교열	편집공방 바루다
지도·일러스트	이희숙
제작	문태일, 김수진
영업·마케팅	김경만, 곽희은, 임충진, 주상우

펴낸 곳	㈜알에이치코리아
주소	서울시 금천구 가산동 345-90 한라시그마밸리 20층
편집 문의	02-6443-8917
구입 문의	02-6443-8838
홈페이지	www.randombooks.co.kr
등록	2004년 1월 15일 제2-3726호

ⓒ 김진아 2012

ISBN 978-89-255-4792-3

※ 이 책은 ㈜알에이치코리아가 저작권자와의 계약에 따라 발행한 것이므로 본사의 서면 허락 없이는 어떠한 형태나 수단으로도 이 책의 내용을 이용하지 못합니다.

※ 잘못된 책은 구입하신 서점에서 바꾸어드립니다.

※ 책값은 뒤표지에 있습니다.

RHK 는 랜덤하우스코리아의 새 이름입니다. 더 유익한 콘텐츠로 여러분과 함께하겠습니다.